Vater unser

Eine Sintifamilie erzählt

Anita Awosusi

Vater unser

Eine Sintifamilie erzählt

Herausgegeben mit Unterstützung des Stadtarchivs Karlsruhe

verlag regionalkultur

Bildnachweis:	Alle Abbildungen stammen aus dem Buch „Abfahrt Karlsruhe. 16.5.1940 – Die Deportation der Karlsruher Sinti und Roma" von Michail Krausnick oder aus dem Privatbesitz der Autorin.

Titel:	Vater unser. Eine Sintifamilie erzählt
Autorin:	Anita Awosusi
Herstellung:	verlag regionalkultur (vr)
Layout:	Jochen Baumgärtner (vr)
Umschlaggestaltung:	Jochen Baumgärtner (vr)
Endkorrektorat:	Stefan Müller (vr)

ISBN 978-3-89735-969-7

Bibliographische Information der Deutschen Bibliothek
Die Deutsche Bibliothek verzeichnet diese Publikation in der Deutschen Nationalbibliographie; detaillierte bibliographische Daten sind im Internet über http://dnb.ddb.de abrufbar.

Diese Publikation ist auf alterungsbeständigem und säurefreiem Papier (TCF nach ISO 9706) gedruckt entsprechend den Frankfurter Forderungen.

verlag regionalkultur
Ubstadt-Weiher • Heidelberg • Neustadt a. d. W. • Basel

Korrespondenzadresse:
Bahnhofstraße 2 • D-76698 Ubstadt-Weiher
Tel. 07251 36703-0 • Fax 07251 36703-29
E-Mail kontakt@verlag-regionalkultur.de • Internet www.verlag-regionalkultur.de

Für unseren Vater und alle betroffenen Familienmitglieder.

Gleichzeitig möchte ich an alle diejenigen Sinti und Roma erinnern, deren Verfolgungsgeschichte niemals aufgeschrieben werden konnte.

500.000 Männer, Frauen und Kinder fielen europaweit dem Rassenwahn der Nationalsozialisten zum Opfer.

Sie sollen nie vergessen sein.

Anita Awosusi erzählt in dieser Doppelbiographie neben ihrer eigenen Entwicklung vom Kind der Nachkriegszeit zur Publizistin und aktiven Bürgerrechtlerin der deutschen Sinti und Roma vor allem von der NS-Verfolgung ihres Vaters, des Musikers und Geigenbauers Hermann Weiß.
Als es 1990 darum ging, die Dokumentation „Abfahrt Karlsruhe“ über die Deportation südwestdeutscher Sinti zu erarbeiten, wollten wir nicht nur die Dokumente der NS-Verfolger als historische Quelle zitieren, sondern zunächst die überlebenden Zeitzeugen zu Wort kommen lassen. Dabei unterstützte mich die Vorsitzende des Karlsruher Sintiverbands, Anita Awosusi, indem sie mir die Türen zu den Menschen öffnete, die bereit waren, über ihr Schicksal zu berichten. Vor allem beeindruckte mich die außergewöhnliche Erzählung ihres Vaters, der als 15-jähriger Junge verschleppt wurde, von der SS kurz vor Kriegsende in eine deutsche Uniform gesteckt und als Kanonenfutter an die Front geschickt wurde. So geriet Hermann Weiß obendrein in russische Kriegsgefangenschaft und kehrte erst nach acht „verlorenen“ Jahren in seine Heimatstadt zurück.
Zunächst stand Hermann Weiß dem Projekt einer „oral history“, einer erzählten Geschichte, noch ablehnend gegenüber. Nach all den bitteren Erfahrungen wollte er mit seinen Erinnerungen nicht an die Öffentlichkeit, fürchtete erneute Diskriminierung und ein Wiederaufleben alter Vorurteile gegen seine Minderheit, ja neue Verfolgung durch Rassisten und Neonazis.
Es gelang uns aber schließlich doch, ihn zu überzeugen, dass es mittlerweile ein anderes, aufgeklärtes und humanes Deutschland gibt, das sich schützend vor seine Minderheiten stellt.
Das war freilich vor den Ausschreitungen in Rostock-Lichtenhagen, Solingen und Hoyerswerda, lange vor den NSU-Morden und der menschenfeindlichen Hetze von Pegida.
Heute schmerzt es mich, dass nicht ich mit meinem Optimismus, sondern Hermann Weiß mit seinen Befürchtungen recht behielt. Der neue rechtsradikale Terror machte ihm schwer zu schaffen und so manches Mal sagte er zu seinen Töchtern: „Dabei habe ich es dem Krausnick doch vor zwanzig Jahren schon gesagt!“
Trotzdem glaube ich nach wie vor und hoffe mit dem inzwischen verstorbenen Hermann Weiß, dass gerade junge Menschen bereit

sind, aus der Geschichte zu lernen und zu verhindern, dass sich das Unheil der Vergangenheit wiederholt.
Hermann Weiß, der unter seiner Heimatstadt litt und sie dennoch liebte wie kein zweiter, gehört zu den herausragenden Karlsruher Persönlichkeiten. Sein Lebensmut und seine Lebenskraft verdienen Bewunderung. Seine Menschlichkeit und seine Bereitschaft zur Versöhnung machen ihn zum Vorbild.
Aus seiner Lebensgeschichte lernen zu dürfen, ist ein Gewinn, ein Geschenk für uns alle. Seine Erinnerungen sind ein großes humanes Zeugnis gegen Rassismus und nationalistische Verirrungen. Dieses Buch ist ein Denkmal. Eigentlich müsste man Hermann Weiß postum zum Ehrenbürger seiner Stadt ernennen.

Michail Krausnick

Vielleicht ist es Unsinn im wahren Sinn des Wortes, ohne Sinn, wenn ich denke, ich könnte tatsächlich ein Buch über die Geschichte meiner Familie schreiben. Ich, die ich nur fünf Jahre lang die Schule besucht habe. Vier Jahre Grundschule. Ein Jahr Hauptschule. Es ist verwegen, ich weiß. Dennoch, wenn ich nicht mehr bin, sollen es zumindest alle Nachfahren unserer Familien nachlesen können, was mit ihren Ur-Großeltern, Großtanten und Onkels, unzähligen unserer Cousins und Cousinen geschah, in jener Zeit, die bis dahin für die jüngeren Generationen unserer Familie als eine unfassbare Zeit nicht mehr greifbar erscheinen wird. Dennoch hat es sie gegeben. Die Zeit des Nationalsozialismus in Deutschland, unserer Heimat. Was sie für unsere Familien bedeutete, wie es unseren Alten erging und wie wir, deren Kinder, diese Zeit und die folgende danach begriffen haben, dies soll hier von mir, aus meiner Sicht, und auch aus der Sicht meiner Schwestern, erzählt werden. Aus Aufzeichnungen, unzähligen Gesprächen mit Vater, Mutter und vielen anderen Verwandten trage ich die historischen Ereignisse aus deren und unserem Leben zusammen.

Dass unser Vater dabei die wichtigste Rolle spielt, liegt daran, dass er zehn Jahre älter als unsere Mutter war und viel mehr Erinnerungen an die NS-Zeit als diese hatte. Sie war fünf Jahre alt, als all das Schreckliche für sie begann. Dennoch hatte auch Mama ihre traurigen Erinnerungen.

Es fällt mir nicht leicht, zu schreiben. Ich benutze deutsche Wörter, obwohl wir immer nur Romanes in der Familie sprachen. Auch sehe ich die Gesichter meiner Eltern und all der anderen Verwandten geistig vor mir, während ich mich erinnere.

Und doch: Ich bin es ihnen schuldig, alles aufzuschreiben. Jawohl. Es soll nicht vergessen werden, was ihnen geschah! Es darf nicht vergessen sein, wie es meinem Dada (Vater), meiner Mama, meiner Purimama (Großmutter), meinem Purodada (Großvater) und ihren Familien erging, hier in unserer Heimat Deutschland.

Aus zahlreichen Gesprächen, vor allem mit meinem Vater, dem Geigenbauer Hermann Weiß, ist diese Familiengeschichte entstanden. Manche der Gespräche habe ich aufgezeichnet, andere schriftlich notiert. Diese Gespräche fanden vor allem in den Jahren zwischen 1990 und kurz vor Vaters Tod 2010 statt.

Angefangen hat alles mit den Untersuchungen der von den Nationalsozialisten 1936 eingerichteten Rassenhygienischen Forschungsstelle in Berlin. Ihre Aufgabe war es, alle im Reichsgebiet lebenden „Zigeuner" zu erfassen.
Mein Vater lebte mit seinen Eltern in der Waldhornstraße in Karlsruhe und besuchte die Schillerschule. Die Schule war in der Kapellenstraße 11, gerade mal ein Häuserblock von der Wohnung entfernt. Als jüngster Sohn sollte er einmal den Beruf seines Vaters Michael Weiß ergreifen, der ein bekannter Geigenbauer war.
Hermann bekam damals Geigenunterricht von einem Geiger des Orchesters des Badischen Staatstheaters, der ein Kunde meines Großvaters war. An dessen Geige machte Großvater immer mal wieder kleinere oder größere Reparaturen. Im Gegenzug bekam mein Vater Unterricht.

„Rassenforscher" beim Vermessen im Freien

1938 kamen die „Rassenbiologen" nach Karlsruhe und in die Pfalz, um sämtliche Karlsruher Sinti und Roma „rassendiagnostisch" zu erfassen. Die Erfassung diente dem „Reichssicherheitshauptamt" in Berlin dazu, später alle deutschen Sinti und Roma (es waren 30.000 deutsche Bürger) in die Konzentrationslager zu deportieren. Die „Forscher" des „Rassehygieneinstituts" lieferten der SS mit ihren „Gutachten", welche die Betroffenen als mehr oder weniger „rasserein" den Juden gleichstellten und als „Artfremde" abstempelten, die Grundlage für die Verfolgung. Ihre Untersuchungsmethoden waren absurd und willkürlich. So wurde zum Beispiel mein Vater als „Zigeunermischling" mit mehr „zigeunerischem Blutsanteil" diagnostiziert, während sein acht Jahre älterer Bruder mit angeblich wenig „zigeunerischem Blutsanteil" erfasst worden war. Auf einer sogenannten Messkartei wurden 24 Details allein im Kopfbereich aufgeführt: die Augen- und Haarfarbe, ob die Augenbrauen schmal sind oder buschig, der Abstand der Augen, die Stirnbreite und -höhe, die Nasenlänge und -breite, ob konkav oder konvex, sogar die Nasenlöcher wurden vermessen. Dazu die Kopflänge, -form und -breite. Und auch der Rachen wurde erfasst. Bei meinem Vater wurde

in der Rubrik „Besonderes“ festgestellt: spielt Geige und erlernt Geigenbau.
Vater und alle Verwandten wurden zusätzlich auch fotografiert. Von vorn, von der Seite, sogar von oben. Wie Verbrecher wurden sie behandelt, mit Fingerabdrücken erkennungsdienstlich erfasst. Auch die Kinder. Die pseudowissenschaftlichen Untersuchungen wurden in unserer Stadt im „Reichsgesundheitsamt Karlsruhe“ zwangsweise durchgeführt.

Hermann Weiß, 13 Jahre alt

Manchmal bei schönem Wetter sogar im „Dörfle“ auf offener Straße. Wer einbestellt war, musste sich dort zum vorgegebenen Zeitpunkt einfinden. Wer nicht kam, wurde polizeilich vorgeführt und verhaftet. Vater und seine Geschwister, zwei Brüder und vier

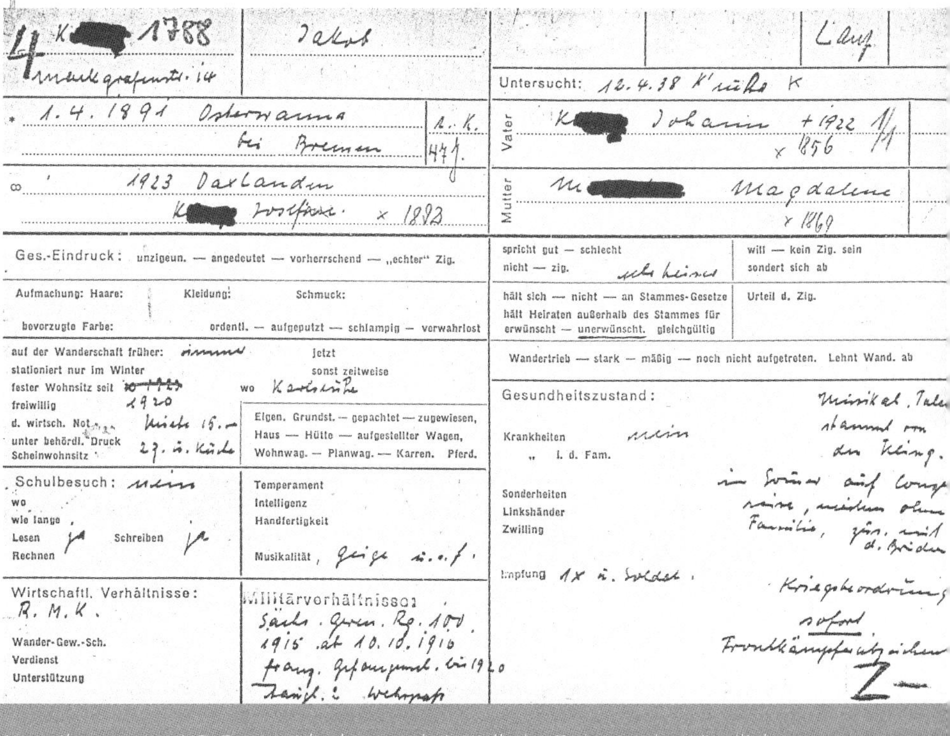

4 K[redacted] 1788 Jakob Lang
Markgrafenstr. 14
Untersucht: 12.4.38 K'ruhe K
* 1.4.1891 Osterwanna bei Bremen r. k. 47 J.
Vater: K[redacted] Johann + 1922 × 1856
∞ 1923 Daxlanden K[redacted] Josefine × 1893
Mutter: M[redacted] Magdalene × 1869
Ges.-Eindruck: unzigeun. — angedeutet — vorherrschend — „echter“ Zig.
spricht gut — schlecht
nicht — zig. als keiner
will — kein Zig. sein
sondert sich ab
Aufmachung: Haare: Kleidung: Schmuck:
bevorzugte Farbe: ordentl. — aufgeputzt — schlampig — verwahrlost
hält sich — nicht — an Stammes-Gesetze
hält Heiraten außerhalb des Stammes für erwünscht — unerwünscht. gleichgültig
Urteil d. Zig.
auf der Wanderschaft früher: immer
stationiert nur im Winter
jetzt
sonst zeitweise
fester Wohnsitz seit ~~1923~~ 1920 wo Karlsruhe
freiwillig
d. wirtsch. Not Kirchstr. 15
unter behördl. Druck
Scheinwohnsitz 27. ii. Küche
Eigen. Grundst. — gepachtet — zugewiesen, Haus — Hütte — aufgestellter Wagen, Wohnwag. — Planwag. — Karren. Pferd.
Wandertrieb — stark — mäßig — noch nicht aufgetreten. Lehnt Wand. ab
Gesundheitszustand:
Krankheiten nein
„ i. d. Fam.
Musikal. Talent stammt von den Kling.
im Sommer auf Konzertreise, meistens ohne Familie, zus. mit d. Brüdern
Schulbesuch: nein
wo
wie lange
Lesen ja Schreiben ja
Rechnen
Temperament
Intelligenz
Handfertigkeit
Musikalität, Geige u. a. f.
Sonderheiten
Linkshänder
Zwilling
Impfung 1x u. Soldat.
Kriegsbeordnung sofort
Frontkämpferabzeichen
Wirtschaftl. Verhältnisse: R. M. K.
Wander-Gew.-Sch.
Verdienst
Unterstützung
Militärverhältnisse:
Sächs. Gren. Rg. 100. 1915 ab 10.10.1916 franz. Gefangensch. bis 1920 Tauglich Wehrpass

Karteikarten der NS-Rassenideologen – kein Volk der Erde wurde gründlicher erfasst.

Schwestern, wurden allesamt mit ihren Familien an demselben Tag „rassendiagnostisch" erfasst. Die „Rassenforscher" arbeiteten mit allen Behörden zusammen, sogar die Kirchenämter gaben über

Erfassung der Stammbäume

ihre Eintragungen in den Kirchenbüchern bereitwillig Auskunft. Taufscheine der meist katholischen Sinti und Roma oder Auszüge aus den Geburtsregistern, auch Trauscheine und Todesmeldungen dienten als Grundlage für die Erfassung. Meine väterliche und mütterliche Familie, rund 500 Karlsruher Sinti und Roma waren betroffen. Die „Gutachten" entschieden am Ende über Leben und Tod.

Die Mitarbeiter des „Rassenhygieneinstituts" und das Karlsruher Gesundheitsamt erstellten darüber hinaus auch die Stammbäume jeder Karlsruher Sinti- und Roma-Familie. Unser väterlicher Stammbaum geht bis ins 18. Jahrhundert zurück. Wenn ich unseren gesamten, von den Nazis erstellten Familien-Stammbaum auslege, nimmt er meine gesamte Wohnzimmerlänge von sechs Metern in Anspruch.

Schon 1935 war mit der Verabschiedung der „Rassengesetze" das normale Leben für jüdische und „zigeunerische" Menschen drastisch einge-

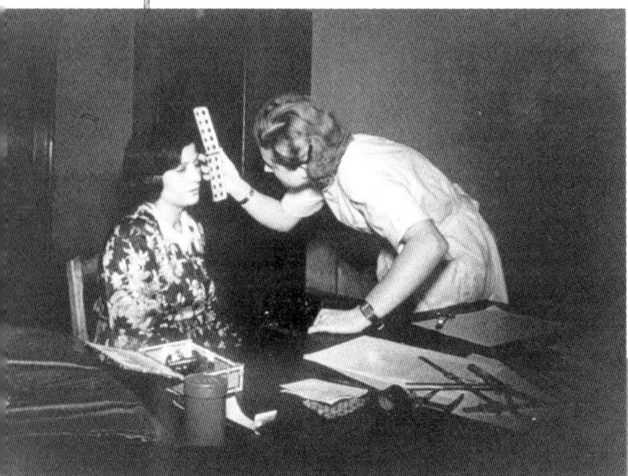

Vergleich der Augenfarbe

schränkt worden. Die „Nürnberger Gesetze" – das „Reichsbürgergesetz" und das „Gesetz zum Schutze des deutschen Blutes und der deutschen Ehre" – verboten Eheschließungen und außereheliche Beziehungen zwischen „Deutsch-blütigen" und Jüdinnen und

Juden und machten Letztere zu Staatsbürgerinnen und Staatsbürgern mit eingeschränkten Rechten. In den Kommentaren zu den „Nürnberger Gesetzen" wurden Sinti und Roma ausdrücklich den Juden gleichgestellt, sodass die diskriminierenden Vorschriften auch für sie galten.

Das sogenannte „Blutschutzgesetz" verbot es allen Deutschen, eine Verbindung mit einem „Rassenminderwertigen" einzugehen.

Meine beiden Onkel Nikolaus und Peter waren zu dieser Zeit jeweils in einer Beziehung mit einer „arischen" Frau. Ihre Liebe stand unter Strafe und wurde als „Rassenschande" verfolgt.

In einer „vertraulichen Verfügung" des Landkreises Karlsruhe hieß es: „Die in der Zigeunerfrage gesammelten amtlichen Erfahrungen haben gezeigt, dass Zigeunerblut die Reinerhaltung deutschen Blutes in hohem Maße gefährdet.

Ehegenehmigungsanträge ... sind daher einer besonders scharfen Prüfung zu unterziehen, wenn bei einem der Verlobten zigeunerischer Bluteinschlag festgestellt oder begründet vermutet wird, auch wenn es sich nur um ein Viertel oder noch weniger artfremden Blutes bei dem Mischling handelt."

Nach den Untersuchungen, die im Frühjahr 1938 in Karlsruhe durchgeführt wurden, durften mein Vater und seine Familie wie alle anderen „Begutachteten" den Stadtbezirk nicht mehr verlassen. Ohne Passierschein wurde man verhaftet.

1938 veränderte sich das Leben drastisch, auch für meinen Vater. Er durfte keine Kinos, kein Schwimmbad mehr besuchen, keine Straßenbahn mehr benutzen. Sogar das Radfahren wurde ihm und seinen Cousins untersagt. Wenn ein Gendarm doch mal einen verbotenen Radfahrer erspähte, wurde dieser in die Mangel genommen und ihm erklärt, dass deutsche Straßen nur für arische Radfahrer gelten. Die Androhung, bei Wiederholung der Straftat das Fahrrad zu beschlagnahmen, ließ meinen Vater in Zukunft nur noch zu Fuß gehen.

Um 1938 wurde mein Vater aus der Schillerschule geworfen. „Zigeunerkindern" wolle man keinen Schulraum mehr zur Verfügung stellen, hieß es auch für Hermann. „Nach Frankreich sollten wir abhauen", meinte er deshalb eines Tages zu seinem Vater. Doch der fragte, was sie denn dort sollen, habe er doch seine Werkstatt hier und überhaupt wollte er seine Heimat, seine Existenz nicht verlassen. Zwischenzeitlich wurde es jedoch immer schwerer für Großvater, seine Kundschaft zu halten. Die meisten Kunden hatten bereits Angst, ihre Instrumente zum Reparieren weiter zum

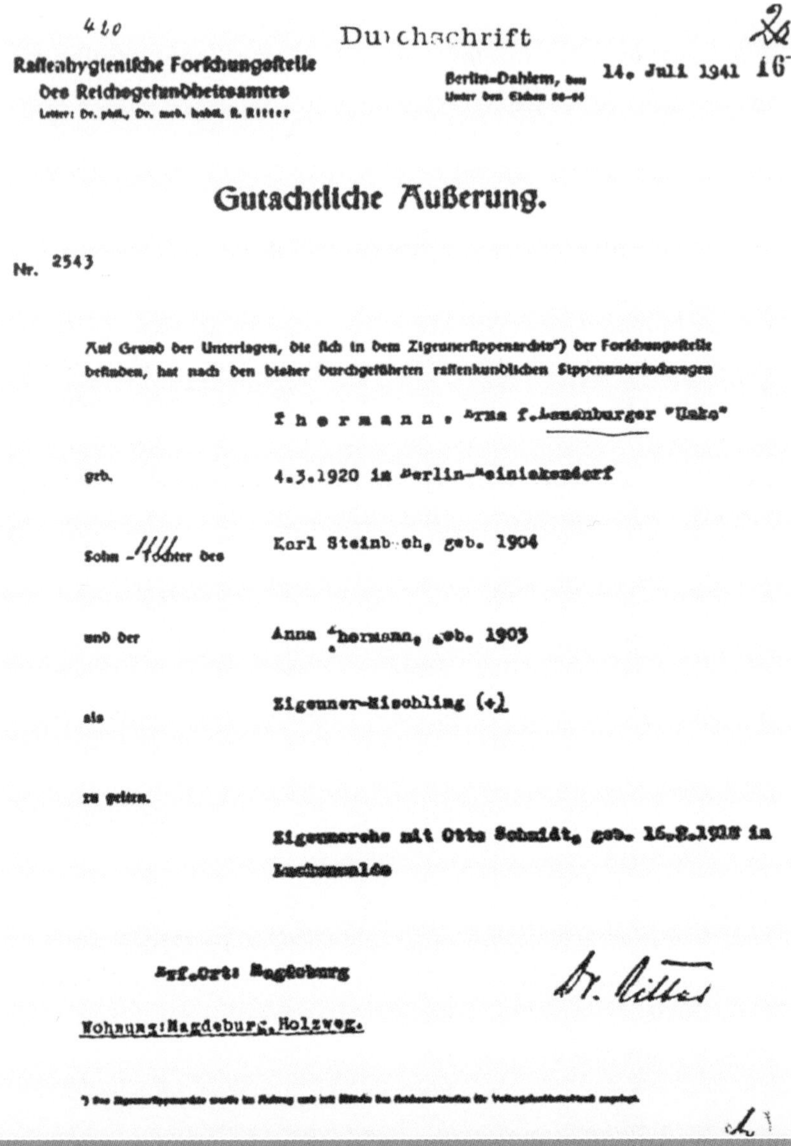

4 20

Durchschrift

Rassenhygienische Forschungsstelle
des Reichsgesundheitsamtes
Leiter: Dr. phil., Dr. med. habil. R. Ritter

Berlin-Dahlem, den 14. Juli 1941
Unter den Eichen 88–84

Gutachtliche Äußerung.

Nr. 2543

Auf Grund der Unterlagen, die sich in dem Zigeunersippenarchiv*) der Forschungsstelle befinden, hat nach den bisher durchgeführten rassenkundlichen Sippenuntersuchungen

Thermann, Erna f. Lauenburger "Unku"

geb. 4.3.1920 in Berlin-Reinickendorf

Sohn – Tochter des Karl Steinbach, geb. 1904

und der Anna Thermann, geb. 1903

als Zigeuner-Mischling (+)

zu gelten.

Zigeunerehe mit Otto Schmidt, geb. 16.8.1918 in Luckenwalde

Auf.Ort: Magdeburg

Dr. Ritter

Wohnung: Magdeburg, Holzweg.

*) [illegible]

Rassegutachten

„Zigeuner-Geigenbauer“ zu bringen. Auch sein namhafter Karlsruher Geschäftspartner, der meistens die sehr komplizierten Reparaturen an den Instrumenten seiner Kundschaft von meinem Großvater vornehmen ließ, entfernte sich von seinem langjährigen Helfer, den er angeblich so schätzte. Als habe er ihn nie gekannt, ließ er sich verleugnen, als Purodada ihn ein letztes Mal vor der Deportation aufsuchte. Nun war es aber zu spät, um noch nach

Frankreich „abzuhauen", wie es sein Sohn vorgeschlagen hatte. Die Grenzen nach Frankreich wurden dicht gemacht. Es war zu spät.
„Rasch, rasch", rief unsere Mutter, „der Wagen muss voll geladen werden, der Mann hat nicht soviel Zeit!" – sie meinte wohl den Fahrer des LKWs.
Unsere Baracke hatte die „Hausnummer" 3.
Neubruchweg 3, 7500 Karlsruhe.
Obwohl unser Wegzug aus der Barackensiedlung schon 44 Jahre her ist, ist mir diese Anschrift heute immer noch vertraut. Vierzehn Jahre hatte ich bereits dort gelebt, als wir „umgesiedelt" wurden. Ja, das hieß noch immer und war auch so, wenn es sich um Sinti oder Roma handelte, wenn diese aus einer städtischen Behausung wegkamen. Während es bei allen anderen Bürgern Um- oder Wegzug genannt wurde.
An einem Dienstag, dem 2. Februar 1971, also wurden wir von Beiertheim in den Stadtteil Knielingen „umgesiedelt".
An diesem Tag kam gegen 6.15 Uhr im Morgengrauen, völlig unangekündigt, ein Umzugsfahrzeug, bestellt von der Stadt. Man hielt es wohl nicht für notwendig, unsere Eltern vorher zu informieren, wann die „Umsiedlung" stattfinden sollte. Wir waren sogar noch im Bett, denn wir standen im Winter immer erst so gegen 6.45 Uhr auf, um in die Schule zu gehen.
Heute denke ich, wenn damals städteplanerisch der Bau der Südtangente, einer Umgehungsstraße, die zu den Autobahnen A8 und A5 führt, nicht angestanden hätte, wären wir noch viele Jahre länger in den Baracken geblieben. So gesehen, war es sogar eine „Zwangsumsiedlung".
Ohne, dass wir vorher irgendetwas in Kartons oder Koffer hätten einpacken können, mussten wir an diesem Montag alles, was in unserer Wohnung war, leer räumen. Ich erinnere mich noch sehr gut daran, wie aufgeregt unsere Mutter am frühen Morgen in unser Zimmer stürmte. Wir vier Schwestern teilten uns das einzige Kinderzimmer, während unsere kleinste Schwester Christiane, damals acht Jahre alt, bei unseren Eltern schlief. Mutter schrie es mehr, als sie es sagte, wir sollen schnell aufstehen und helfen, alles zusammenzuräumen, denn ein großer LKW stünde vor der Tür. Schlaftrunken und erschrocken standen meine drei Schwestern und ich sofort auf. Ohne uns vorher zu waschen, rannten wir, nachdem wir hastig unsere Kleider übergestülpt hatten, nach draußen.

Zuerst packten meine Schwestern und ich sämtliche Dinge aus den Schlafräumen zusammen. Die Betten und Kissen warfen wir auf die Bettlaken, in denen wir noch vor wenigen Minuten geschlafen hatten. Sie waren von unseren Körpern noch warm, als wir sie zu Bündeln zusammenschnürten.
Der Umzugs-LKW wurde mit unseren Habseligkeiten in Windeseile beladen. Das Geschirr, die Töpfe und sonstiges aus der Küche waren die letzten Dinge, die wir in Kartons und Plastikkübeln hinaustrugen. Und dann ging es los, weg von der bisherigen Heimat. Weg von der Barackensiedlung. Weg vom „Fuchsloch". Meine Eltern allerdings dachten wohl an einen anderen Abtransport, zweiunddreißig Jahre zuvor …
Im Mai 1940 war es soweit. Die erste familienweise Massendeportation wurde auf Anordnung des Reichsführers SS Heinrich Himmler durchgeführt: Rund 2.800 „Zigeuner" sollten verhaftet und in Sammellager des Generalgouvernements Polen deportiert werden. In Karlsruhe geschah das am 16. Mai 1940. 200 Menschen, alle Karlsruher Bürger, darunter mein Vater, damals erst 15 Jahre alt. Die Hälfte seiner Geschwister, seine Eltern, seine Tanten und Onkel mit Familien, viele Freunde und deren Familien standen mit auf der Deportationsliste.
1940 hatte eigentlich keiner mehr eine Chance, den Nazis zu entkommen. Dennoch war es Peter, einem Bruder meines Vaters, gelungen, bei seiner „arischen" Freundin in Offenburg unterzutauchen. Er blieb von der Deportation zunächst ausgespart. Auch eine von Vaters vier Schwestern, die mit einem Wehrmachtssoldaten verheiratet war, wurde bei der Maideportation 1940 noch nicht verschleppt. Zunächst blieben auch sie und ihre Familie von der Deportation ausgespart. Es ist anzunehmen, dass Mathilde, so hieß Vaters Schwester, und ihr Mann Johann nur deshalb noch nicht mit mussten, weil zu dem Zeitpunkt die Sinti- und Roma-Männer, die als Soldaten dienten, noch in der Wehrmacht gebraucht wurden. Drei Jahre später, 1943, wurde dann aber auch sie, hochschwanger, mit ihrem dreijährigen Töchterchen und ihrem Mann in das Todeslager Auschwitz deportiert.
Todeslager – war auch so ein Schreckenswort für uns Mädchen. Meine Mutter Johanna Reinhardt, damals fünf Jahre alt, stand ebenfalls mit ihrer Familie auf der Liste. Sie hatte noch einen kleinen Bruder, einen Säugling, der gestillt wurde. Nur Klara, eine von ihren vier Schwestern, fehlte. Sie war noch im Schulunterricht, als ihre Familie abgeholt wurde.

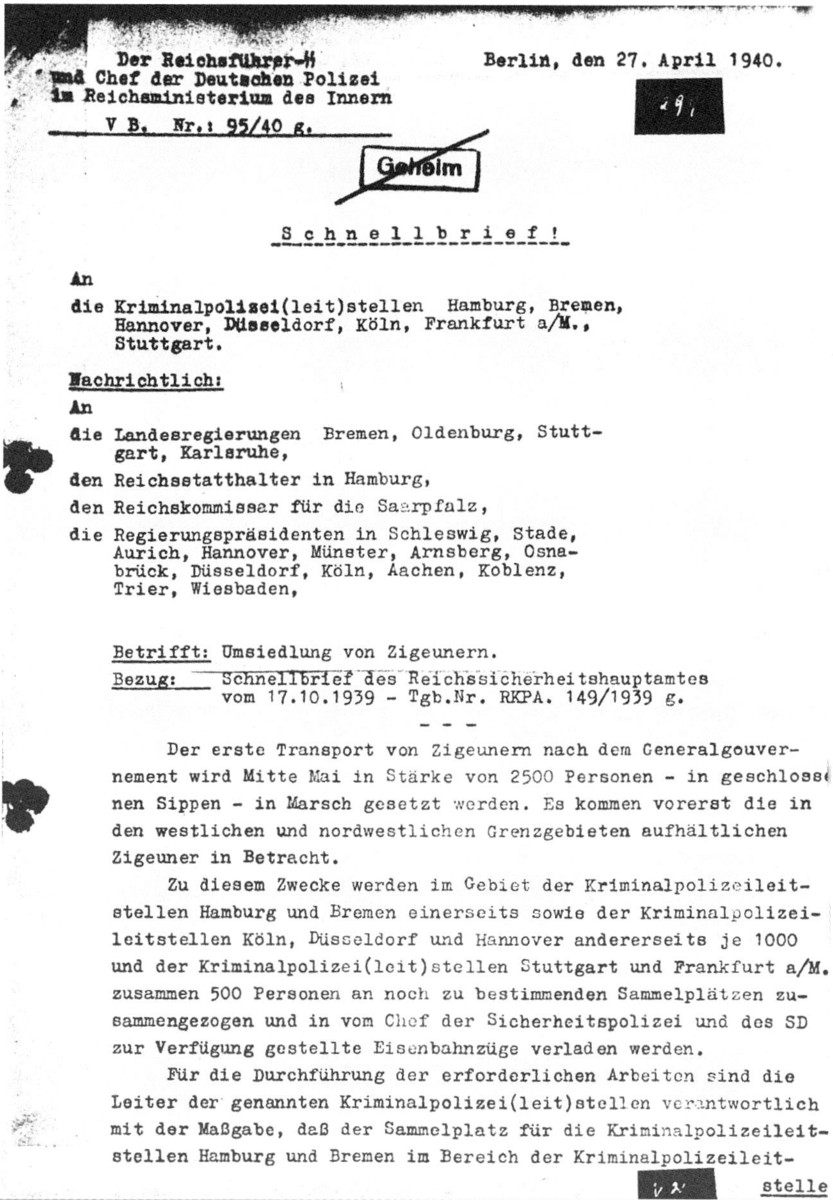

Der Reichsführer-SS
und Chef der Deutschen Polizei
im Reichsministerium des Innern
V B. Nr.: 95/40 g.

Berlin, den 27. April 1940.

291

~~Geheim~~

Schnellbrief!

An
die Kriminalpolizei(leit)stellen Hamburg, Bremen, Hannover, Düsseldorf, Köln, Frankfurt a/M., Stuttgart.

Nachrichtlich:
An
die Landesregierungen Bremen, Oldenburg, Stuttgart, Karlsruhe,
den Reichsstatthalter in Hamburg,
den Reichskommissar für die Saarpfalz,
die Regierungspräsidenten in Schleswig, Stade, Aurich, Hannover, Münster, Arnsberg, Osnabrück, Düsseldorf, Köln, Aachen, Koblenz, Trier, Wiesbaden,

Betrifft: Umsiedlung von Zigeunern.
Bezug: Schnellbrief des Reichssicherheitshauptamtes vom 17.10.1939 - Tgb.Nr. RKPA. 149/1939 g.

\- - -

Der erste Transport von Zigeunern nach dem Generalgouvernement wird Mitte Mai in Stärke von 2500 Personen - in geschlossenen Sippen - in Marsch gesetzt werden. Es kommen vorerst die in den westlichen und nordwestlichen Grenzgebieten aufhältlichen Zigeuner in Betracht.

Zu diesem Zwecke werden im Gebiet der Kriminalpolizeileitstellen Hamburg und Bremen einerseits sowie der Kriminalpolizeileitstellen Köln, Düsseldorf und Hannover andererseits je 1000 und der Kriminalpolizei(leit)stellen Stuttgart und Frankfurt a/M. zusammen 500 Personen an noch zu bestimmenden Sammelplätzen zusammengezogen und in vom Chef der Sicherheitspolizei und des SD zur Verfügung gestellte Eisenbahnzüge verladen werden.

Für die Durchführung der erforderlichen Arbeiten sind die Leiter der genannten Kriminalpolizei(leit)stellen verantwortlich mit der Maßgabe, daß der Sammelplatz für die Kriminalpolizeileitstellen Hamburg und Bremen im Bereich der Kriminalpolizeileit-

stelle

Himmler-Erlass vom 27.4.1940

Verzweifelt hielten sie nach ihr Ausschau, als sie abtransportiert wurden, vergeblich riefen sie ihren Namen. Klara wurde von den Nazis einfach vergessen.
Die Auswahl der zu verschleppenden Familien erfolgte auf Grund der „Rassegutachten". Der „Reichsführer-SS und Chef der deutschen Polizei" Heinrich Himmler stellte in seinem Erlass vom

27. April 1940 detaillierte Richtlinien bezüglich der Festnahme und der Behandlung der zu Deportierenden auf. Die Verschleppung der deutschen Sinti und Roma in die Konzentrationslager und Ghettos des besetzten Ostens diente nebenher als eine Art Übungsmodell für spätere Juden- und „Zigeunertransporte".
Mein Vater erzählte mir, dass Purodada einige Tage vor der Deportation ins Karlsruher Polizeipräsidium gegangen war, um mit Max Regelin, dem „Zigeunerkommissar", zu sprechen. Er habe versucht, ihn zu überzeugen, dass er und seine Familie der Stadt ja nicht zur Last fielen, weil er seine Familie aus seiner selbstständigen Arbeit ernährte. Regelin, der für „Zigeunerfragen" zuständige Sachbearbeiter, meinte jedoch nur: „Weiß, seien Sie froh, dass sie mit diesem Transport mit dürfen, der nächste geht nämlich direkt ins Vernichtungslager".
Mein Vater erinnerte sich sehr gut an den Tag seiner Deportation:

„Der 16. Mai 1940 war ein sehr schöner, sonniger Tag. Zwei Monate zuvor war ich 15 Jahre alt geworden. Wir alle wurden zum Polizeipräsidium verbracht. Im Hof des Präsidiums waren wir alle versammelt. Etwa 200 Karlsruher Sinti. Ganze Familien. Die Polizei stellte sich mit ihren Karabinern als Bewachung vor die Tore des Hofs. Keiner sollte mehr rauskommen können."

Karlsruher Sinti auf dem Weg ins „Sammellager"

Asperg – unter Beihilfe der Ortspolizei

Auf den Bildern, welche die Polizei von dieser Aktion gemacht hatte, kann man sehen, dass die meisten Familien zusammengeschnürte Bündel mit sich führten. Da-

rin war nur das Nötigste, was sie in aller Eile hatten einpacken können.

„Unsere Bettsachen und warme Kleidung hatten wir in große Laken gebündelt, denn es hieß: Da, wo ihr hinkommt, wird es sehr kalt sein."

200 Karlsruher Menschen, Männer, Frauen und Kinder, ganze Familien, wurden am 16. Mai 1940 am helllichten Tag geschlossen aus der Innenstadt abgeführt, im Hof des Polizeipräsidiums auf offene Lastkraftwagen verladen und über die Autobahn A8 in Richtung Stuttgart verbracht.
Kein Bürger fragte nach den Verschleppten, kein Mensch sorgte sich um ihren Verbleib. Mein junger Vater erlebte es so:

„Zum ersten Mal fuhr ich auf der Autobahn an diesem Tag.

Der Weg auf den Hohenasperg

Nach gar nicht so langer Zeit kamen wir an. Das war der Hohe Asperg bei Ludwigsburg, eine Festung, die oberhalb des Ortes Asperg auf dem Berg lag, ein Zuchthaus. Nach einem Marsch hinauf zur Festung wurden wir dort mit unseren Familien zu 20 bis 30 Personen in die Zellen eingesperrt. Sinti und Roma aus der Pfalz, aus Württemberg und ganz Baden kamen hinzu. Auch aus Frankfurt, Ludwigshafen und Mainz. Die Frauen weinten leise vor sich hin. Andere schauten mit großen Augen immer wieder

Der Weg auf den Hohenasperg

zu den Türen, aus denen die Gendarmen nach draußen verschwanden, um neue Häftlinge zu bringen. Es waren die gleichen Polizisten, die uns bei unserem Fußmarsch nach oben zum Zuchthaus bewacht hatten. Niemand konnte entkommen, niemand weglaufen, hatten sie doch ihre Gewehre ständig im Anschlag.
Als wir durch den Ort wieder nach unten zur Bahnstation marschierten, sah das aus wie ein langer Trauerzug.
Vor manchen Häusern standen Bewohner auf den Gehsteigen, fotografierten, andere schauten aus ihren Fenstern zu uns herab, aber keiner sagte oder fragte etwas. Die Bürger von Asperg standen nur stumm da und sahen uns nach".

Vater schaute immer wieder in die Ferne, während er sich um einen sachlichen Bericht bemühte. Ich fragte mich, ob ich diesen Moment nutzen sollte, um eine Frage zu stellen, doch durch die Erinnerungen aufgewühlt erzählte er weiter:

„Dann sind wir alle in den Zug verladen worden, der schon auf uns an der Bahnstation wartete. Wir alle! Die Männer, die Frauen und die Kinder, alle Familien. Das erste Mal war es ein Personenzug, in dem wir transportiert wurden. Dass etwas sehr Schlimmes auf uns zukommen würde, war allen klar. Aber was? Das wusste keiner. Nun weinten aber sogar einige Männer. Nach Polen sollten wir kommen, hatte man uns in Karlsruhe gesagt.

Bahnhof Asperg Mai 1940

Ungefähr drei Tage dauerte die Bahnfahrt, dann kamen wir in Polen an. Der Zug hielt an verschiedenen Orten. An den Haltestellen konnten wir sehen, dass man immer mehr von unseren Leuten zum Aussteigen drängte und prügelte. Die Menschen schauten verängstigt und manche schrien laut und weinten, bis die Wachmannschaften mit Gewehrkolben auf sie einschlugen, dann wurden sie leiser und gingen geduckt weiter. Wohin man sie brachte, wussten wir nicht. Bald sollten sie auch uns aus dem Zug jagen. Der Zug hielt nach kurzer Fahrt wieder an und wieder wurden unsere Menschen ausgeladen, manchmal sogar auf freier Strecke. Auch unsere Familie und andere Verwandte verließen schließlich den Zug. Wir mussten nach Mniechow laufen und wurden, von Soldaten bewacht, in Scheunen einquartiert. Wir schliefen auf blankem Stroh. Noch war es ja Frühjahr und das Wetter mild. Aber später dann …"

Vater und ich saßen in seinem Zimmer, während er mir wieder einmal aus „seiner Zeit von damals" erzählte. Nun, da er schon über 80 Jahre alt war, nahm er immer öfter die Gelegenheit wahr, von der NS-Verfolgung zu berichten …

„In Mniechow wurden wir eingeteilt zur Arbeit. Manche der Gefangenen mussten mit Schaufeln und Pickeln arbeiten. Den Kindern gaben sie Hämmer in die Hand, die mussten Steine entzwei schlagen und sie mit dem Hammer kleiner machen, die wurden dann für den Straßenbau eingesetzt. Wir mussten großen Hunger leiden. Annähernd 30 Personen, darunter Vaters Eltern, seine Schwestern mit ihren Familien, Tanten und Onkels mit ihren Familien waren in dieser Scheune in Mniechow untergebracht. Davon waren fast ein Drittel Kinder gewesen. Die Kinder von Tante Henriette, der Schwester meines Vaters, der sechsjährige Theodor und seine fünfjährige Schwester Melitta, waren auch dabei. Theodor erzählte mir, wie er die Deportation von damals in Erinnerung hatte."

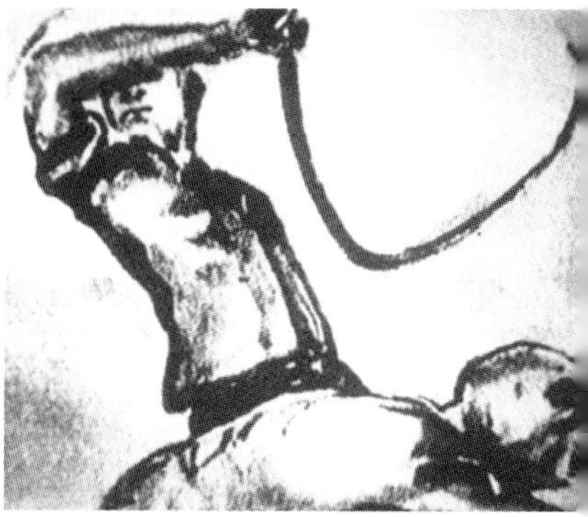

Theodor berichtete Folgendes:

„Als wir in Polen ankamen, das weiß ich noch ganz genau, das war am 24. Mai. An dem Tag hatte ich Geburtstag, da wurde ich sechs Jahre alt. Unser Purodada hatte mir einige Tage, bevor wir verschleppt wurden, einen Teddybären und eine Lokomotive geschenkt. Das weiß ich noch

Auschwitz – Häftlingszeichnung

wie heute. Beide Geschenke musste ich zurücklassen, Mutter meinte nämlich, dass ich meine Spielsachen ja wieder haben könnte, wenn wir zurückkehren. Aber wann das wohl sein sollte ...?
In Polen mussten wir arbeiten. Arbeiten wie die Erwachsenen. Große Steine, die von den Männern mit Pickeln oder Vorschlaghammer entzwei geschlagen wurden, schlugen wir Kinder und die Frauen dann kleiner für den Straßenbau. Auch wenn es sehr kalt war oder in Strömen regnete. Das kümmerte die Wachmannschaften nicht. Sie trieben uns immer nur an, wir sollten schneller arbeiten. An einem dieser kalten Tage war es, da wurde ich von einem SS-Mann geschlagen – weil mir der Hammer immer wieder aus der Hand fiel, denn es war eisiges Wetter, und der SS-Mann meinte, dass ich das mit Absicht mache. Mit seinem Stiefel verpasste er mir einen Tritt in den Rücken, dass ich vornüber fiel. Ich traute mich nicht, den SS-Mann beim Wiederaufstehen anzusehen. Der ging dann einfach weiter und ich merkte, dass ich eine blutende Wunde am Rücken hatte. Die Narbe habe ich heute noch. Die geht nicht mehr weg.
Von früh bis spät mussten wir arbeiten, auch wir Kinder. Viele von uns sind gestorben, an Überarbeitung, Hunger oder Kälte. Andere Kinder wurden erschossen, erschlagen von den Wachmannschaften. Fünf Jahre lang mussten ich und meine Schwester, im Winter ohne richtiges Schuhwerk, mit Fußlumpen an den Füßen, auf den spitzen Steinen stehen. Auch unsere Hände, unsere Finger waren der Kälte ausgesetzt. Und dann immer das Hämmern der Steine, davon sind unsere Hände und Füße ein Leben lang kaputt."

Mein Cousin und meine Cousine überlebten mit ihren Eltern dann doch glücklicherweise die Lagerzeit, das Ghetto und die Zwangsarbeit. Als sie nach ihrer Befreiung durch die Rote Armee 1945 in ihre Heimat nach Karlsruhe zurückkehrten, standen sie vor dem Nichts. Alles, was sie besessen hatten, war ihnen von den Nazis weggenommen worden. So hatten sie erst einmal keine Unterkunft, wussten nicht, wo sie unterkommen sollten ...

„Nach Kriegsende suchten wir mit Pferd und Wagen erst einmal überall nach unserer Verwandtschaft. Und dann sind auch welche nach Gräfenhausen in die Pfalz rüber, aber unsere Häuser waren weg, die standen nicht mehr. Alle unsere Sachen waren weg, unsere Möbel, auch meine Lokomotive und der Teddybär. Aber da war ich ja auch kein Kind mehr."

Die erfrorenen und verkrüppelten Hände und Füße der Kinder wurden später von den Ärzten und Wiedergutmachungsämtern nicht als verfolgungsbedingter Gesundheitsschaden anerkannt.
Vaters Schwester Elsa bekam einen Passierschein nach Radom. Dort wollte sie ihre Schwester Maria aufsuchen, die mit ihrem Mann und ihrem kleinen Sohn, der noch ein Säugling war, ins Ghetto verschleppt worden war.
Als Tante Elsa nach ihrer Zugfahrt in Radom ankam, fand sie die Familie ihrer Schwester in einem erbärmlichen Zustand vor. Schwester und Schwager waren sehr abgemagert und der kleine Sohn von Maria schwer erkrankt, wahrscheinlich hatte er eine Lungenentzündung, die im Ghetto natürlich nicht behandelt wurde. Aus Angst um ihr Kind bat Maria ihre Schwester flehend, dieses mitzunehmen, weil es so vielleicht eine Überlebenschance hätte. Tante Elsa willigte schweren Herzens ein und nahm das Baby mit. Als sie im Zug zurück nach Mniechow fuhr, das etwa 150 Kilometer weit weg von Radom entfernt lag, kamen bei einem Halt deutsche Soldaten in den Zug. Sie suchten nach flüchtigen Juden und „Zigeunern“ oder sonstigen Verfolgten. Elsa versteckte instinktiv den schwerkranken Säugling in ihrer großen Tasche und zeigte den Soldaten unaufgefordert ihren Passierschein. Diese ließen sie dann tatsächlich weiterfahren und verließen den Waggon, in dem Tante Elsa mit dem in der Tasche versteckten Baby zitternd saß. Als sie endlich das Kind aus der Tasche befreien wollte, bemerkte sie, dass das Kind nicht mehr atmete. Es war tot.
Mein kleiner Cousin ...
Später erfuhr mein Vater, dass seine Schwester Maria und ihr Mann wenig später in Radom bei einer der großen Erschießungsaktionen getötet worden waren. Ihr Grab mussten sie, so wie alle anderen Getöteten auch, vor ihrer Erschießung selbst ausheben. Das war ein Massengrab. Viele Karlsruher Familien, Männer, Frauen und Kinder, wurden zusammen mit den Juden von den Einsatztruppen der Wehrmacht erschossen und in die Gräber geworfen.
Dazu fiel mir der Satz einer Zeitzeugin ein, die ich für einen Dokumentarfilm interviewt hatte. Ihr Name war Ruth Schaich. Die Sinti-Frau, eine Auschwitz-Überlebende, weinte dabei:

„Woher nahmen sich denn die Nazis das Recht, über Menschenleben zu entscheiden? Dazu hat doch keiner ein Recht. Jeder Mensch hat das Recht auf sein Leben.“

Bericht von der Erschießung der Sinti in der Nähe von Radom:

"Es waren dorthin viele Sinti verschleppt worden, die auf den Straßen, auf Flugplätzen, in den Munitionsfabriken arbeiten mußten - ich nenne die Namen: Winterstein, Weiß, Wagner, Eckstein, Reinhardt und viele andere.

Eines Tages, im März 1943, kam der Befehl von der SS. Viele Sinti - Frauen, Kinder, Männer, Junge und Ältere - mußten in das Gestapo-Gefängnis und wurden später in Autos verladen.Außerhalb der Stadt mußten sie ihre Gräber machen. Und die SS stand schußbereit.

Meine Verwandten waren dabei, eine Kusine und ein blindes Mädchen, ein junges Mädchen von der Familie Weiß und ein Bruder vom alten Winterstein, dem Geigenbauer, der war noch ein junger Mann mit seiner Frau, und viele, viele andere Familien: Adel, Reinhardt, Winter... Die mußten ihre Gräber machen.

Danach wurde angelegt. Sie wurden erschossen.

Sie waren nicht alle gleich tot. Viele haben noch gelebt und um ihr Leben gekämpft - aber sie waren schon zugeschüttet.

Ein großes Geschrei hörten die Polen da in der umliegenden Gegend und den Dörfern."

Richard Reinhardt

Gedenktafel für die in Radom ermordeten Karlsruher und Pfälzer Sinti

Als eine von fünf Töchtern, die unsere Mutter Johanna und unser Vater Hermann in den fünfziger und sechziger Jahren des vorigen Jahrhunderts bekamen, erlebte ich, 1956 geboren, die damalige Zeit und die Armut, in der wir lebten, nicht wirklich mit. Als Kind kannte ich ja nichts anderes als das Barackenleben, nahm den Mangel an Dingen, die für andere Kinder selbstverständlich waren, nicht wahr.

Damals lebten wir im Stadtteil Beiertheim in Karlsruhe. Unsere Straße hieß Neubruchweg. Es müssen etwa zehn Baracken gewesen sein, die unterhalb der verlängerten Breitestraße errichtet waren. Ich glaube, wir müssen damals wohl die ärmsten Bürger unserer Stadt gewesen sein, warum mussten wir sonst wohl in solchen Behausungen leben? Allein in unserer Baracke lebten vier Familien. Zweieinhalb Zimmer und eine Küche hatten wir. Die Zimmer waren sehr klein. Alle anderen armen Familien lebten in ähnlich großen Wohnungen. Die Baracken waren Unterkünfte für sowjetische Zwangsarbeiter des Zweiten Weltkriegs gewesen. Die nunmehr leerstehenden Notunterkünfte wurden paradoxerweise von der Stadt Karlsruhe den zurückgekehrten Sinti und Roma, welche die Verschleppung in die Konzentrationslager überlebt hatten, zugeteilt.

Unser Großvater lebte ebenfalls in dieser kleinen Wohnung mit uns. Wir nannten ihn Purodada in unserer Sprache, im Romanes, das wir als deutsche Sinti sprachen. Das hieß übersetzt: der alte Vater. Es war aber durchaus respektvoll gemeint: Purodada.

Großvater versuchte damals, sich wieder eine Geigenbauwerkstatt einzurichten, und verkaufte seine ersten Instrumente nur an sehr gute Musiker. Daneben handelte er auch mit feinem Tuch. Das waren hochwertige Stoffe für Männerkleidung, meist wurden davon maßgeschneiderte Anzüge genäht. Mit dem Handeln von Stoffen konnte Großvater seine Familie mit sieben Kindern durchaus ernähren.

Tatsächlich, der Tag, an dem sich unser gesamtes Leben verändern sollte, war gekommen. Weg aus der alten Umgebung, weg von der Barackensiedlung, weg von dem Heim, das niemals eines war.

Im „Fuchsloch" habe ich fast 14 Jahre gelebt, meine gesamte Kindheit verbracht. Und nun sollte ich weg.

Weg von den zweieinhalb Zimmern mit Küche ohne Wasser und ohne Bad. Weg von dem düsteren Waschraum, der in der Mitte der Baracke platziert war. Es war ein Waschraum ohne Tageslicht, weil es keine Fenster gab. Die Lampe, die oben an der Decke hing, sah aus wie eine kleine emaillierte Haube, so wie die Lampen in den KZs. Die Birne darin, viel zu schwach, um ausreichend Licht zu geben, machte den Waschraum nicht gerade anheimelnder. Niemand in unserer Baracke fühlte sich zuständig, die Glühbirne auszuwechseln. Man hatte sowieso nur Geld für das tägliche Brot und übersah einfach, dass es im Waschraum viel zu dunkel war. Hinter dem großen, mindestens zwei Meter langen zinkblechernen Waschtrog gab es zwei Toiletten, durch eine Bretterwand vom Waschraum abgetrennt. Dort war es noch viel dunkler. Die Erwachsenen machten uns Kindern oft Angst und sagten: „Da hinten ist der Bobbele versteckt“. Bis heute weiß ich nicht, wer oder was dieser „Bobbele“ eigentlich gewesen sein soll. Aber das blieb eben einfach unserer angstvollen kindlichen Fantasie überlassen. Und die verhieß nichts Gutes. „Der nimmt euch mit und ihr werdet nie wieder zurückkommen zu euren Eltern“.

So manches Mal verzichteten wir Kinder darauf, den Ort aufzusuchen, auch wenn es dringlich war.

Der größte Angst- und Albtraum aber war die Verfolgung meiner Familie in der Nazizeit. Während meiner Kindheit in der Baracke bekam ich davon nur wenig mit. Emotionen wurden unterdrückt, wenn mein Vater aus „seiner Zeit von damals“ berichtete. Bei meinen Schwestern und mir baute sich dann sofort eine unsichtbare Wand des Nicht-Weinen-Dürfens auf, eine Wand, die verhindern sollte, dass wir in Emotionen ausbrachen und dem Erzählen ein vielleicht immerwährendes Ende machen würden. Während wir seine ebenso traurigen wie furchtbaren Geschichten hörten, versuchten wir, für unseren Vater stark zu sein. Schließlich war er es doch, der mit all seinen Verwandten das Gehörte durchmachen musste. Also war es das oberste Gebot, mit aller Macht die Tränen zu unterdrücken und weiter stumm zuzuhören.

Als Kinder bekamen wir von der Verfolgung nur unterschwellig etwas mit. Unsere Eltern wollten uns Kindern eigentlich bewusst nie vom „Lager“ erzählen. Dennoch hörten wir mehr, als ihnen lieb war. Denn bei besonderen Gelegenheiten, wenn sich bei Festen oder Beerdigungen die Verwandten trafen, wurde doch immer wieder auch über die Zeit der Verfolgung und der Lagerhaft erzählt. Stumm und andächtig, aber vermeintlich nicht anwesend demonstrierten wir Kinder stilles Spielen oder taten einfach so, als ob wir mit etwas anderem beschäftigt wären. Aber in Wirklichkeit hörte ich den Erwachsenen zu. Niemals habe ich jedoch eine Frage gestellt, auch wenn mich das ein oder andere Gehörte noch so sehr gequält hatte. Es waren schließlich Geschichten, die für Kinderohren niemals hörbar sein sollten:

„Sie waren drei und fünf Jahre alt, die Kinder unserer Schwester, als sie mit ihren Eltern nach Auschwitz kamen. Die Kinder wurden ermordet von den Nazis. Auch die Eltern der Kinder, meine Schwester und ihr Mann, wurden in der Gaskammer getötet."

Gaskammer – das hörte ich damals meine Tante sagen. Ein fürchterliches Wort. Eine Verwandte, die zu Besuch war, hörte ihr sehr aufmerksam zu. Ich auch. Ab und an nickte die Verwandte mit dem Kopf, als wollte sie sagen, wie unfassbar das alles war. Die Kinder aber, von denen Tante Henriette sprach, waren ja meine kleinen, nie erlebten, nie gekannten Cousinen.
Zum Glück gab es in unserer Siedlung ja noch den Speicher. Der verlief über der gesamten Baracke. Die Aufgangstreppe dahin war im Waschraum. Die Holz-Stiege hinauf grenzte direkt an unsere Flurseite. Mit einem schwarzen Lichtschalter, ein klobiges Ding mit einem Drehknopf, konnte man das Licht oben auf dem Speicher an- und ausmachen.
Der Speicher war ein tolles Versteck für uns Kinder. Obgleich uns dieser Ort natürlich von den Erwachsenen verboten worden war. Auch wenn es da oben überhaupt nicht gefährlich sein konnte. Der Speicher diente, wie es so üblich ist, zur Aufbewahrung alles Möglichen. In einer riesengroßen Korbtruhe waren zum Beispiel verschiedene Sorten von Kämmen. Kämme zum normalen Haare kämmen wie auch Hochsteckkämme, die besonders die erwachsenen Frauen interessierten. Hatten sie doch fast alle Hochsteckfrisuren oder besser gesagt, ihre langen Haare wurden oft zu einem Dutt hochgesteckt. In einer anderen Kiste waren Nagellacke. In einem kleineren Karton häuften sich Damenketten. Ganz verschiedene Sorten. Manche silbrig, andere goldfarben. Heute würde man wahrscheinlich Modeschmuck dazu sagen. Alle diese Sachen hatte unser Vater nach Hause gebracht. Er bekam diese oft von irgendwelchen Geschäftspartnern, die ihm Antiquitäten abkauften, die er selber restaurierte. Ich erinnere mich an diese Nagellacke noch gut. Es mussten hunderte gewesen sein. Auf dem Etikett stand „Cutex". In allen möglichen Farbnuancen waren sie im Karton zu finden. Obwohl sich bei uns keine Frau die Fingernägel lackierte, brachte

unser Papa diese Dinge mit nach Hause. Für uns Mädchen, meine Schwestern und die vielen Cousinen, war das natürlich sehr spannend, diese farbigen, sehr stark riechenden Nagelfarben mal auszuprobieren, um die Farbe gleich danach wieder zu entfernen. Denn unser Vater hätte niemals geduldet, dass wir mit roten Nägeln herumliefen. Die Nagellacke wurden später an die Frauen in der Beiertheimer Siedlung verkauft.

Ansonsten war der Speicher ein wunderbarer Ort, um einmal ungestört zu sein, was ja in den engen Barackenräumen nie möglich war. An heißen Sommertagen war die Hitze oben in unserem Mädchenversteck allerdings unerträglich. Ein anderes Mal war es sehr kuschelig, sich da oben aufzuhalten, ohne dass die Erwachsenen etwas von unseren Mädchenspielen wussten. Sozusagen ein geheimer Ort.

An einem dieser schönen Speichertage hatte ich mich mit einer Dose Ananas nach oben zurückgezogen, um mein Lieblingsobst für mich ganz allein zu genießen. Es mit niemandem teilen zu müssen, war nur in dieser Abgeschiedenheit möglich. Die Dose hatte ich mir von meinem ersparten Geld gekauft. Meine Schwestern wussten nichts davon. Ich glaube, acht Scheiben Ananas waren es. Sie schmeckten zuckersüß und auch ein bisschen nach Dosenblech. Hätte ich nun mit meinen Schwestern geteilt, was ja so üblich war, wäre am Ende für mich nicht viel übrig geblieben. Aber ich wollte nur ein einziges Mal eine ganze Dose Ananas für mich allein haben. Das war schon etwas ganz Besonderes. Gab es doch sonst zum Grießbrei bei uns Apfelmus oder, eher selten, eingemachte Zwetschgen, aber niemals Ananas. Die Geschichte mit der Ananasdose kam dann aber doch raus.

Eine meiner Schwestern entdeckte mich und erzählte allen von meiner Gefräßigkeit. Bis heute wird diese Geschichte in unserer Familie erzählt. Und immer noch bekomme ich wegen der schändlichen „Missetat“ ein schlechtes Gewissen. Vor allem, wenn ich an den Kampf meiner Familie ums tägliche Brot im Ghetto von Mniechow denke.

„Die Essensrationen, die wir von den Wachmannschaften bekamen, reichten nie aus, um satt zu werden. Also beschlossen ich und ein Freund, er hieß Richard Reinhard, uns abends aus der Scheune zu schleichen, wenn die Wachmannschaften ihre Runden drehten, um etwas zu Essen zu organisieren. Das war nicht ungefährlich, denn wenn uns ein Wachmann aufgegriffen hätte, wäre es uns nicht gut ergangen. Auf Transport zu kommen, weg von unserer Familie, das war meine größte Angst. Zu dem Zeitpunkt war aber unsere Kleidung schon so verschlissen, dass wir, mein Freund und ich, immer unsere Hosen tauschten. Damit wir draußen nicht so sehr auffielen, zog immer derjenige, der gerade etwas zum Essen organisieren sollte, die bessere Hose an. Der andere legte sich derweil solange unters Stroh, um sich zu bedecken. Denn es waren ja auch Frauen in der Scheune. Manchmal, wenn wir Glück hatten, stießen wir draußen auf ein Haus mit einer guten polnischen Familie, dann bekamen wir entweder ein großes Stück Brot oder ein paar Kartoffeln. Die Polen waren fast immer gut zu uns; wenn sie etwas übrig hatten, gaben sie uns auch was ab. So kamen wir meist mit etwas Essbarem wieder zurück zu unseren Familien, die schon mit Bangen auf uns warteten."

Unser Zwangsumzug aus den Baracken war 1971 also im vollen Gange. Weg von diesem finsteren Ort. Weg von den Kindheitserinnerungen? Hin zu einem Haus mit vier großen Zimmern, einer wunderschönen Küche. Die sollte sogar ein Spülbecken haben. Ein Badezimmer mit Fliesen, einer Badewanne und hell sollte es dort sein. Hell. Ach je, immer noch diese Angst vor der Dunkelheit und das noch mit vierzehn Jahren…
Also schnell weg, dachte ich, weg von Beiertheim, weg von der schrecklichen Schule ...

Claudia und ich waren von Anfang an in die vorletzte Bank gesetzt worden. Die „Zigeunerkinder“ hatten hinten zu sitzen. Die letzte Bank blieb leer. Frau Glaser, unsere Lehrerin, nannte uns gerne „ihre Fuchslochkinder“, „Fuchsloch“ so wurde der Neubruchweg auch genannt.
Der Grund dafür, dass ich viel zu spät erst mit 10 Jahren eingeschult wurde, war, dass unsere Mama unbedingt wollte, dass meine Schwester Claudia, die zwei Jahre jünger war als ich, mit mir zusammen eingeschult werden sollte. Claudia war als Kind sehr krank gewesen. Sie hatte Probleme mit der Leber. Für mich war das sehr traurig. Wollte ich doch viel lieber mit Manuela, meiner gleichaltrigen Freundin, eingeschult werden. Aber Mutter verbot es. Ich sollte auf Claudia warten, bis sie für die Schule soweit war. Unbedingt sollten wir beieinander sein.
Purodada, mein Großvater, erzählte oft, dass das Wichtigste für uns Sinti das Zusammenbleiben der Familie sei. Gerade wir müssten nach der schlimmen Nazizeit immer fest zusammenhalten:

„Eines Tages – die Männer und Frauen, auch die Kinder waren mit der Arbeit fertig. Unsere Bewacher, Soldaten der deutschen Wehrmacht, begleiteten sie wie immer mit dem Gewehr im Anschlag zurück zu der Scheune, von der sie am frühen Morgen aufgebrochen waren, um zur Arbeitsstelle zu gelangen. In Reih und Glied marschierten sie.
Ich wurde gezwungen, den Marsch und den Ablauf der Arbeiten zu kontrollieren, ich sollte schauen, dass alles reibungslos verlief. Dies brachte mir einige Vorteile, manchmal eine Extraration Brot. Ich stellte es möglichst geschickt an, tat vor den Wachen streng, aber deckte natürlich alle meine Kameraden. An einem Tag in den Sommermonaten sah ich, dass die Soldaten eine neue Gruppe zum Abtransport zusammenstellten. Vor allem waren es polnische Männer. Unter ihnen entdeckte ich aber meinen Schwiegersohn, den Mann meiner Tochter Henriette, euren Onkel Gustav. Also nahm ich mir ein Herz, ging auf die Wachmannschaft zu und rief laut: ‚Was soll das denn, warum ist denn dieser Mann unter den zu Transportierenden? Das ist einer meiner besten Arbeiter, den brauche ich unbedingt‘. Der Offizier der Wachmannschaft befahl kurzer Hand, man möge den ‚Mann‘ gehen lassen.“

So entkam, das hörte Großvater aus sicherer Quelle, sein Schwiegersohn dem Abtransport ins Todeslager Auschwitz. Als Großvater uns diese Geschichte erzählte, lief mir bei dem Wort **Todeslager** *eine Gänsehaut den Rücken herunter. Und ich war sehr stolz auf meinen Purodada, dass er ein so mutiger Mann gewesen war und Onkel Gustav gerettet hatte. Und ich verstand mit einem Male, wie wichtig es gerade für uns Sinti ist, zusammenzubleiben und zusammenzuhalten.*
Purodada war das Oberhaupt unserer Familie.
Er hatte sieben Kinder, von denen drei die Zeit der Verfolgung nicht überlebt haben.
Tante Henriette, seine älteste Tochter, war 1910 geboren. Dann kam Tante Elsa, sie kam 1912 zur Welt. Mathilde war 1914 geboren. Onkel Nikolaus war nur ein Jahr jünger und 1915 geboren. Der Sohn Peter kam drei Jahre später zur Welt, nämlich zum Ende des Ersten Weltkriegs 1918. Die vierte Tochter hieß Maria, sie wurde 1921 geboren und war vier Jahre älter als unser Vater Hermann, der am 17. März 1925 das Licht der Welt erblickte.

Frau Glaser, die schon meine älteren Schwestern unterrichtet hatte, war eine sehr strenge Lehrerin, so wie die Lehrkräfte eben zu dieser Zeit waren. Sie trug einen kurzen Pagenschnitt mit einem ebenso kurzen Pony. Außerdem hatte sie eine Brille mit sehr dicken Gläsern, die ihre Augen größer aussehen ließen, als sie in Wirklichkeit waren. Sie trug stets Röcke mit einer Bluse, die sie straff in den Rockbund gesteckt hatte. Nur selten war sie mit einer Hose gekleidet, in der die Bluse genauso akkurat im Hosenbund verankert war, dass ja nichts verrutschen konnte. Die meisten ihrer „Barackenkinder" entließ sie nach spätestens zwei Jahren in die Sonderschule. Komischerweise mich nicht. Vielleicht lag es daran, dass Deutsch mein Lieblingsfach war und sie ja Deutschlehrerin war. Sie schätzte, dass ich Gedichte liebte und gerne Aufsätze schrieb.
Frau Glaser war unverheiratet geblieben. Sie erschien mir immer als eine sehr eigenständige Persönlichkeit. Eine Frau, die keinen Mann brauchte, der ihr den Sprudelkasten ins Haus trug. Manchmal dachte ich, vielleicht ist sie ja auch ein Mann, der zufällig mal Brüste hat und deshalb nun als Frau angesehen werden muss. Ich hatte das Gefühl, dass sie es besonders hasste, wenn die Jungs nicht nach ihrer Pfeife tanzten. Dann nahm sie gerne ihren Rohrstock

und schlug erbarmungslos damit einen armen Jungen auf die Fingerkuppen oder manchmal auch auf den Hosenboden. Dabei sah es so aus, als würde ihr das Schlagen Vergnügen bereiten und sehr leicht von der Hand gehen. Manchmal brauchte sie einige Minuten nach so einer anstrengenden Tortur, bis sie sich wieder fasste. Einmal schlug sie einen Schulkameraden so fest mit ihren Fäusten, dass dieser unten in der Schulbank hängen blieb. Wir dachten schon, dass Werner, der neue Klassenkamerad, ohnmächtig geworden war, doch regte er sich Gott sei Dank dann doch wieder. Meine zwei Jahre jüngere Schwester Claudia und ich sahen uns mit großen Augen an. Als Werner Pawlowski zu uns kam, waren wir schon in der zweiten Klasse. Wir hörten, dass Werner aus einem Erziehungsheim kam. Die meisten Jungs spielten deshalb nicht mit ihm, denn ihre Eltern hatten es verboten. In der großen Pause war er oft allein. Oft zog er an meinen langen Zöpfen, um mich zu ärgern. Dennoch verpetzte ich ihn nie, wusste ich ja schließlich, dass die Lehrerin ihn möglicherweise verhauen würde. Einmal wurde selbst ich, obwohl ich ein sehr folgsames Kind war, von ihr geschlagen. Als Claudia und ich an einem Schulnachmittag unser Klassenzimmer betraten, fiel uns auf, dass da ein neues Bild an der Wand hing. Darauf war ein sehr bärtiger, uriger Mann abgebildet. Mit großen Buchstaben stand auf dem Bild der Text: Rübezahl. Herr der Berge. Meine Schwester und ich sahen uns an und unterdrückten in letzter Sekunde unser Lachen. Doch Frau Glaser, die schon am Pult stand, sah uns beide genau an. Am liebsten hätten wir unser unterdrücktes Lachen über den komischen Berggeist herausprusten wollen, aber das strenge Gesicht der Lehrerin hinderte uns. Einige Zeit später, wir schrieben in der zweiten Stunde einen Aufsatz über die Rübezahl-Geschichte, konnte ich mich nicht mehr beherrschen, als Claudia mich mit Blick auf das Rübezahl-Bild mit rollenden Augen ansah. Und so musste ich lachen. Sofort kam die Lehrerin auf mich zu und knallte mir das Buch mit der Rübezahl-Geschichte auf den Kopf.

Die ersten drei Jahre ging ich gern in die Schule. Nicht einmal die Kränkungen, die wir Sintikinder durch die anderen Kinder in der großen Pause erfuhren, konnten daran etwas ändern. Erst als es mir richtig bewusst wurde, dass die SchülerInnen uns mit den Beschimpfungen als „Zigeuner" drangsalieren wollten, fühlte ich mich immer mehr ausgeschlossen.

Schlimm war es, wenn die „Lausschwester" kam. Das geschah so etwa alle drei Monate. Da kam eine Ordensschwester mit einem kleinen weißen Haubenhütchen auf dem Kopf. Sie war in einem hellen Grau gekleidet. Und sie lächelte die ganze Zeit. Sogar, als sie mir und meiner Schwester mit einem großen Kamm durch die Haare strich. Unsere Zöpfe, die jeden Morgen von unserer Mutter sorgfältig geflochten wurden, wurden einfach aufgeflochten. Das Ganze fand aber nicht wie bei den Mitschülern im Klassenzimmer statt. Die wurden zwei Sekunden begutachtet und fertig waren sie. Nein, nachdem unsere Lehrerin mit der „Lausschwester" kurz geflüstert hatte, nahm uns diese als einzige Kinder der Klasse mit vor die Tür und untersuchte uns im Flur. „Da wäre ja nichts", aber „vorsichtshalber kann es ja nicht schaden, wenn man die Haare mit Läusepulver behandelt". Als wir wieder ins Zimmer kamen, sahen wir nicht mehr so appetitlich aus. Denn nun hatten wir lauter weißes Pulver in den vorher mit dem Kopf vornüber gestülpten Haaren verstreut bekommen und sahen nicht nur unfrisiert, zottelig aus, das Pulver fing auch sofort an der Kopfhaut an zu jucken. Wenn ich mich noch recht erinnere, stand auf der Dose „Paral". Unweigerlich kratzten meine Schwester und ich uns die weiß gepuderten Köpfe. Es juckte fürchterlich und der Puder stank ganz komisch. Die Mitschüler fingen an, über uns zu reden, sie flüsterten und rümpften ihre kleinen neugierigen Näschen. Am liebsten wäre ich in diesem Moment im Boden versunken. Unsere Lehrerin, von all dem keine Notiz nehmend, wandte sich freundlich an die „Lausschwester", die nach getaner Arbeit, immer noch mit dem gleichen Lächeln im Gesicht, sich verabschiedete. Nein, das nächste Mal, wenn die „Lausschwester" kommt, werde ich nicht zur Schule gehen, das nahm ich mir ganz fest vor.

Für Außenstehende kaum nachvollziehbar, erlebten wir unsere Kinderzeit in dem Mikrokosmos unserer Barackensiedlung. Diese fast schon idyllische Abgeschiedenheit spielte sich innerhalb eines Radius von circa 300 Metern um unsere Baracke herum ab. Vater wachte äußerst streng über seine Töchter. Er ließ es nie zu, dass wir uns vom erlaubten Umkreis weiter weg bewegten. So wurden wir, Claudia und ich, immer zur Schule gebracht und auch wieder abgeholt, bis ich zwölf Jahre alt war. Für mich war es peinlich, wenn die Mitschüler das mitbekamen; ich fühlte mich dann so unselbstständig, wenn die anderen uns mit unserem Begleitschutz so erstaunt musterten. Wir ahnten ja nicht, welche Ängste unseren Vater plagten.

Obgleich es auch schön war, wenn unser Purodada uns abholte. Denn er war immer lustig und ein sehr interessant aussehender Mann. Er hatte einen schneeweißen Rauschebart und sein etwas längerer Haarkranz war ebenso weiß. Er sah wie ein ganz lieber

Nikolaus aus. Großvater war immer elegant gekleidet, wenn er aus dem Haus ging. Er trug stets einen Sakko über seinem schönen weißen Hemd und eine elegante Hose. Meist waren seine Hemden gestreift. Und wenn es kalt war, trug er einen hellbraunen Trenchcoat und dazu einen breitrandigen braunen Hut. Wie ein Amerikaner aus Texas. Und meistens ging er mit uns auf dem Nachhauseweg noch einkaufen, das konnte man sofort erkennen, denn dann trug er immer ein Einkaufsnetz mit sich. Und sowieso war es ein Vergnügen mit ihm, denn er kaufte uns Schokolade oder einen Lutscher. Einmal meinte er überraschend, wer wohl als Erster vorne bei der Laterne sei. Während er uns aufforderte, ihm zu folgen, spurtete er schon los. Fast immer siegte er, dabei war er damals schon 76 Jahre alt. Purodada, was sinngemäß ja eigentlich „alter Vater" heißt, war ein toller und fit gebliebener Opa, den sich sicher alle Enkelkinder wünschen würden.

Einmal auf unserem Heimweg von der Schule, zeigte Purodada mir und Claudia, wie die Soldaten marschierten. Wir mussten sehr laut lachen, denn sein sowieso schon sehr aufrechter Gang wurde ganz steif und starr, als er losmarschierte. Dann hob er auch noch seine Beine nach oben und meinte, dass so die russischen Soldaten liefen. Das sah so komisch aus, dass Claudia und ich uns vor lauter Lachen krümmten. Und während wir uns die Bäuche hielten, baten wir ihn, er solle doch bitte aufhören, denn sonst drohe uns Gefahr, gleich ohnmächtig zu werden. Endlich hörte er auf. Aber schon im nächsten Moment fing er plötzlich an, französisch zu reden: „Monsieur manger, weiß nit was er witt" und anschließend „le Bœuf der Ochs, la vache die Kuh, ferme la porte machs Derle zu". Das Lustigste für uns war, dass unser Opa ja gar kein Französisch sprechen konnte. Das gab er uns gegenüber aber niemals zu.

Einmal, das fanden wir merkwürdig, liefen wir mit ihm auf unserem üblichen Nachhauseweg die Breite Straße entlang, da stand draußen vor einem Hoftor eine Frau, bekleidet mit einer bunten Kittelschürze. Großvater grüßte sie mit einem höflichen „Guten Tag", aber anstatt die Begrüßung zu erwidern, fragte die Frau: „Sind Sie der ‚Zigeunerbaron'?" Unser Purodada schaute nur einen Moment, blieb zwei Sekunden stehen, streckte der Frau plötzlich die Zunge raus und ging weiter. Die Frau schaute sehr verdutzt drein. Großvater aber sagte kein Wort. Weder ich noch Claudia fragten ihn, was das zu bedeuten hatte. Aber wir spürten, dass es nichts Positives war, denn unser lieber Purodada blieb ernst und wortlos, bis wir zu Hause ankamen.

Einige Zeit später, es war im Winter 1970, erlebte ich in der Schule etwas, das mich an die Begegnung meines Purodada mit der Frau in der Kittelschürze erinnerte. An einem kalten Wintermorgen stand ich in der großen Pause auf dem Schulhof allein. Die Mitschüler mieden mich, aber ich wusste nicht, warum. Doch urplötzlich trafen mich von allen Seiten Schneebälle, in welche die Mitschüler vorher Steine gesteckt hatten. Wenn sie mich trafen, lachten sie höhnisch auf. Dass ich eine menschliche Zielscheibe war, war ihnen egal. Das tat mir in doppelter Hinsicht weh. Ich versuchte, mich immer in der Nähe der Lehreraufsicht aufzuhalten, um nicht zu sehr beworfen zu werden. War die Aufsicht gerade in einer anderen Ecke des Schulhofs, schrien die Schüler im Chor, wie schon zu Vaters Schulzeit, „Zick zack, Zigeunerpack, zick zack, Zigeunerpack" und bewarfen mich mit den Steinschneebällen heftig.

Da merkte ich dann endgültig am eigenen Leibe, dass das Wort „Zigeuner" als feindseliges Schimpfwort benutzt wird und Großvater deshalb damals über den „Zigeunerbaron" so erbost gewesen war.

Meine Freundin Manuela war die Tochter von Vaters bestem Freund Josef, der mit seiner Frau Doris zwei Söhne und eine Tochter hatte. Doris war eine sehr liebe Frau. Eigentlich keine richtige Sintezza. Nur eine ganz „normale" deutsche Frau. Sie arbeitete abends im Kino als Platzanweiserin und frühmorgens bei der Post als Reinemachefrau.

Josef Meinhard, Manuelas Papa, war Händler, ein selbstständiger Kaufmann. Er und sein Bruder, er hieß auch Hermann, wie unser Vater, waren immer zusammen. Beide waren mit ihren Familien ebenfalls im Mai 1940 nach Polen deportiert worden. Hermann Meinhards Frau war Maria, die Schwester meines Vaters – eine Tante, die ich niemals kennenlernte. Maria und das gemeinsame Töchterchen wurden 1941 im Ghetto von Radom von den Einsatzgruppen der Wehrmacht erschossen und in einem Massengrab verscharrt. Das wurde unter Tränen immer wieder erzählt.

Ab und zu rief mich Doris, wenn Manuela und ich draußen spielten, zum Essen mit rein. Doris kochte manchmal Gerichte, die es bei uns nie gab. „Armer Ritter" zum Beispiel, das schmeckte herrlich. Eigentlich war das ein ganz einfaches Gericht. Es bestand aus Weißbrotscheiben, die in einer verquirlten Tunke aus Eiern und Milch eingelegt wurden und anschließend in zerlassener Butter goldbraun ausgebraten wurden. Dann kam noch Zimt und Zucker darüber. Manchmal kochte Doris aber auch Weinsoße dazu, das war natürlich nur für die Erwachsenen. Wir Kinder bekamen

stattdessen eine leckere Vanillesoße. Unsere Mama konnte ja nur sehr selten so etwas wie Nachtisch für uns zubereiten. Musste sie doch jeden Tag für mindestens acht Personen kochen. Meistens machte sie Essen für die ganze Verwandtschaft, auch für die Familie von Tante Henriette und Onkel Gustav. Die hatten vier Kinder. Sie wohnten direkt neben uns, Tür an Tür.
Auf jeden Fall hatte unsere Mama immer sehr viel zu tun. Sie ernährte die ganze Großfamilie, indem sie als „fliegende Händlerin" Kurzwaren verkaufte. In jener Zeit, als es noch keine Supermärkte gab, nannte man das verächtlich „Hausieren". Tatsächlich ging Mutter von Haus zu Haus und bot ihre Kurzwaren an. Kurzwaren waren zum Beispiel: Gummilitze, Knöpfe, Tischläufer oder Garnituren für den Tisch. Auch Haarshampoo, Seife oder Badezusätze wie das Fichtennadelbad; das waren runde flache Tabletten, in frisch aussehender grüner Folie eingepackt, sehr stark duftende angebliche „Vitalizer". Oh, wie die „dufteten"!
Eigentlich rochen sie stärker und strenger, als sie duften sollten. Mutter hatte alle diese Sachen in einer sehr großen Einkaufstasche aus Kunstleder. Und wenn sie uns mal Äpfel oder manchmal sogar Schokolade, die sie von netten Hausfrauen geschenkt bekam, mitbrachte, dann aßen wir die leckeren Sachen so schnell auf, dass wir kaum den Fichtennadelgeruch aus der großen Tasche bemerkten, den die Mitbringsel an Geschmack angenommen hatten. Nur manchmal fiel mir schon auf, dass die Äpfel zwei Geschmacksnoten hatten.
Vater verdiente damals kaum etwas. Er hatte noch keinen festen Kundenkreis. Dennoch arbeitete er jeden Tag zusammen mit Purodada stundenlang in seiner Werkstatt.

Vaters Geigenbauwerkstatt im Jahr 2000

An unserem Umzugstag am 1. Februar 1971 nahm uns ein Neffe unseres Vaters in seinem Auto in unsere neue Heimat mit, während die Eltern mit dem Umzugswagen zur neuen Wohnung fuhren. Zwischen der alten Heimat und dem neuen Zuhause lagen nur einige Kilometer. Wie und was würde sich wohl verändern in der neuen Umgebung, in der neuen Schule, mit einer neuen Lehrerin oder einem neuen Lehrer, mit neuen Nachbarn? Und was würde aus unserer Angst vor dem Bobbele werden, vor wem mussten wir uns wohl hier ängstigen? Bislang hatten wir Geschwister das neue Haus, in das auch unsere Tanten mit ihren Familien miteinziehen sollten, noch gar nicht zu Gesicht bekommen. Unsere Eltern erzählten nach der Besichtigung, dass es sehr schön aussehen sollte. Dass es in jeder Wohnung fließendes Wasser gab, ein Badezimmer mit Toilette und im ersten Obergeschoss auch einen Balkon. Das Badezimmer war meinen Schwestern und mir aber am wichtigsten. Dass es auch noch ein großes Grundstück gab, erschien mir eher unwichtig. Doch ein Badezimmer mit Badewanne, das war schon was.

Als wir in der Straße, in der wir ab diesem Tag wohnen sollten, ankamen, sah ich, dass sie nur mit wenigen Häusern besiedelt war. Und dann entdeckte ich unser neues Haus. Es befand sich ziemlich weit hinten mit einer Zufahrt von fünfzig Metern, wunderschön anzusehen. Das war ja eine Villa, staunte ich, und da sollten wir jetzt wohnen? Doch der Neffe unseres Vaters fuhr dann leider noch ein Stück weiter. Also war es gar nicht das hübsche Haus, nicht die Villa, die mir in ihrem schneeweißen Putz wie ein Traum erschien. Das Nachbarhaus, das fünfzig Meter weiter lag, war es aber dann. Dieses Haus war bei weitem nicht so schön wie die schneeweiße Villa, aber es war immerhin ein „richtiges Haus". Keine Baracke! Unser Leben änderte sich ab diesem Zeitpunkt vollkommen. Von einem auf den anderen Tag war ich kein Barackenkind mehr.

In der Barackensiedlung im „Fuchsloch" hatte ich fast 14 Jahre lang gelebt. Jetzt im neuen Stadtteil sollte alles besser werden. Auch in der neuen Schule, die für mich allerdings schon nach zwei Jahren enden sollte.

Ich ging noch zwei Jahre in die Hauptschule, die Viktor-von-Scheffel-Schule. Meine kleine Schwester Christiane kam in die Grundschule. Christiane, damals in der zweiten Klasse, hatte einen Lehrer, der sehr schlimm war. Meistens gingen wir zusammen zur Schule. Es kam schon einmal vor, dass wir einige Minuten zu spät waren. Dann herrschte der Lehrer meine kleine Schwester so sehr an, dass sie oft weinte. Zu unserer Mutter sagte sie, dass sie nicht mehr in diese Schule gehen möchte, denn sie hätte einen sehr bösen Lehrer. Und tatsächlich, einmal wollte Christiane, als wir wieder einmal zu spät waren, nicht allein in ihre Klasse gehen und sie bettelte mich förmlich an, sie zu begleiten. Sie hatte Angst vor dem Lehrer. Ich ging mit ihr mit. Noch bevor ich uns entschuldigen konnte, schrie er laut und voller Wut ***„Wir sind doch hier nicht bei den Hottentotten“****. Ich erschrak so sehr, dass mir die Spucke wegblieb, dass ich mehr haspelte, als dass ich einen halbwegs anständigen Satz der Entschuldigung herausbekam.*

Bald merkte ich in der Knielinger Schule, dass auch hier die Lehrerschaft kein besonderes Interesse an uns Sintikindern hatte. Es war ihnen völlig egal, ob wir mitkamen oder nicht. Wieder saßen wir in der letzten Reihe. Und so beschloss meine Mutter, mich von der Schule abzumelden. Damals war ich fünfzehn Jahre alt. Sie erklärte der Schulleitung, dass ich bald den elterlichen Haushalt führen müsse, da sie geschäftlich unterwegs sei. Damit war meine Schulzeit beendet. Nach fünf Jahren Schule. Rechnen, Lesen und Schreiben konnte ich nun. Aber das war's auch schon. Dennoch hatte ich kein Abschlusszeugnis.

Wenn ich einmal selber Kinder haben werde, sagte ich damals zu meiner Freundin Manuela, möchte ich, dass diese ordentlich was lernen. Und einen vernünftigen Abschluss bekommen. Meine Kinder sollen einmal gute Berufe erlernen. Vielleicht sogar studieren. Mein Vater dagegen war skeptisch. Er meinte:

„Lesen und Schreiben, das reicht. Ihr glaubt doch nicht, dass ihr hier Professoren werden könnt? Sinti sollen keine Professoren werden. Wenn die wollen, schmeißen sie uns sowieso raus, aus den Schulen und auch aus dem Land.“

Dass unser Vater bei solchen Sätzen an seine Jugendzeit dachte, konnten wir damals noch nicht wissen.

Denn auch er fiel unter den Schulverweis für „Zigeunerkinder“. Sinti und Roma sollten von 1939 an keine deutsche Schule mehr besuchen dürfen.

In unserer Ausstellung „Der nationalsozialistische Völkermord an den Sinti und Roma“ im Dokumentationszentrum Deutscher Sinti und Roma heißt es dazu im Jargon der Nazis:

„In Zeiten, in denen viele Lehrer eingerückt und Schulräume knapp geworden sind, kann kein Schulplatz diesem Abschaum zur Verfügung gestellt werden."
Im Zuge dessen wurde auch Hermann Weiß, unser Vater, eines Morgens von seiner Schule, der Schillerschule, wieder nach Hause geschickt.
Nun verstehe ich seine Worte von damals:

„Wenn die wollen, schmeißen sie uns sowieso raus …"

Unsere Mama kam erst gar nicht in die Schule. Sie wurde nie eingeschult und im Mai 1940 deportiert.
Kein Wunder, dass bis heute bei vielen deutschen Sinti und Roma ein großes Defizit vorliegt, was Bildung und Chancengleichheit anbetrifft. Ich erinnere mich noch sehr gut daran, dass ich nie auf die Idee kam, Mama oder Vater nach Hilfe für die Schulaufgaben zu fragen. Ich kann mich auch kein einziges Mal daran erinnern, dass ich meinen Eltern meine Aufgaben zeigen sollte. Sie vertrauten darauf, dass ich das schon richtig machte. Unsere Zeugnisse oder Bewertungen im Schulhalbjahr wurden aber schon genauer begutachtet. Da war ich dann auch richtig stolz, wenn ich von meinem Vater gelobt wurde. Auf das Wort ***Schule*** *aber reagierte er lange Zeit geradezu allergisch.*

„Ja, ihr könnt euch ja gar nicht vorstellen, wie das damals bei uns zuging in der Schule."

Manchmal erzählte Vater ganz unvermittelt, wenn eine Art Schlüsselwort fiel, wie zum Beispiel „Kino" oder „Schule" oder „Hunger". Und dann sprudelte es aus ihm heraus:

„Als ich noch in die Schule gehen durfte, bedrängten uns bereits die Mitschüler im Hof und schrien immer häufiger: ‚Zick, zack, Zigeunerpack, zick, zack, Zigeunerpack'. So manches Mal umzingelten sie uns im Schulhof. Eine ganze Horde rottete sich zusammen, um uns zu schlagen, zu bespucken und zu beschimpfen.
Da blieb es auch nicht aus, dass wir mal mit einer zerrissenen Jacke oder Hose nach Hause kamen. Oder mit einer blutenden Nase heim liefen. Unsere Eltern schimpften uns natürlich aus, dachten, wir raufen uns mit den Jungs. Aber die Wahrheit war anders. Eines Tages musste ich es dann doch erzählen, dass es die Mitschüler waren, die

uns immer wieder als Horde angriffen. Aha, meinte da mein Vater und gab mir ein Messer mit, mit dem ich den Jungs Angst machen sollte. Und tatsächlich konnten wir, mein Freund und ich, an diesem Tag, als uns die Meute wieder überfiel, mit dem gezückten Messer die Bande in die Flucht schlagen. Doch am nächsten Tag schon rief unser Lehrer mich nach vorne zu sich an das Pult. Ich musste alle meine Taschen leeren. So kam das Messer schließlich neben einigen Dingen, die ich in meiner Hosentasche mit mir trug, zum Vorschein. Sofort nahm der Lehrer mein Schnitzwerkzeug in seinen Besitz und bestrafte mich, indem er mit seinem Rohrstock auf meine Handinnenflächen schlug. Zudem gab es noch einige Stunden Nachsitzen.
Nachdem das Schulverbot für Sinti und Roma 1939 erlassen worden war, halfen wir den Erwachsenen, wo wir nur konnten, bei der Arbeit. Zum Beispiel hackten wir Holz, um uns ein paar Groschen für den Kinobesuch zu verdienen. Dann aber wurde uns auch dieser verboten. Uns, den Sinti und Roma. Aber auch die Juden durften das nicht mehr. Einmal standen mein Freund und ich an der Kinokasse des Lichtspieltheaters an der Kaiserstraße, wir wollten uns einen Abenteuerfilm anschauen. Aber da hieß es, als wir in der Schlange endlich an der Kasse ankamen: ‚Nee, euch darf ich nicht reinlassen, ihr seid doch Zigeuner. Nee, nee, geht mal weiter, ihr dürft hier nicht rein'.
Das war wie ein Schlag ins Gesicht. Nur weil wir ‚Zigeuner' seien, durften wir nicht rein. Es gab täglich einen neuen Extra-Erlass, nach dem es allen Juden und Sinti verboten war, bestimmte öffentliche Orte aufzusuchen. Nicht nur die Schule."

Als unser Vater und seine Familie schon fast drei Jahre im polnischen Ghetto inhaftiert waren, er war nun schon achtzehn Jahre alt, passierte eines Tages Folgendes:

„Während der Arbeit, wieder einmal mussten wir die Straße zum Lager neu planieren, denn durch den vielen Regen ging die Straße schnell kaputt, da kam einer der Wachmänner auf euren Purodada zu. Er war geschwächt, meinem Vater ging es gesundheitlich nicht so gut. Und der Wachmann verlangte, während er im Ton immer lauter wurde, dass gefälligst schneller gearbeitet werden müsse. Dabei machte er einen Schritt auf meinen Vater zu und bedrohte ihn mit dem Schlagstock. Noch bevor der Stock ihn erreichte, warf ich mich zwischen ihn und den Wachmann, damit er die Schläge nicht abbekam."

Ein folgenschwerer Fehler. Hermann, unser Vater, wollte seinen Vater, unseren Purodada, schützen und geriet dadurch selbst in große Gefahr.
Sofort wurde mein Vater von dem Wachmann beiseite genommen. In Arrest gestellt. Er durfte nicht mit den anderen in die Scheune zurück. Er musste an diesem Abend mit den Wachmannschaften mitgehen, in deren Behausung auf dem nackten Boden schlafen. Streng bewacht bis zum nächsten Morgen. Seine Eltern waren verzweifelt. Purodada und Purimama wussten zunächst nicht, was mit ihrem Sohn passiert war. Schließlich waren die Wachmannschaften autorisiert, auch Erschießungen vorzunehmen. Mit diesen Gedanken plagten sich meine Großeltern die ganze Nacht. Nach einigen Tagen erfuhren sie endlich, wohin die Nazis ihren Sohn gebracht hatten. Großvater versuchte noch bei der Kommandantur, seinen Sohn aus der Haft zu bekommen, doch wurde ihm mitgeteilt, dass dieser am selben Tag nach Krakau ins Gefängnis Montelupich überstellt worden war. Nach ungefähr zwei Monaten kam er erneut auf Transport.
Vater sprach nur wenig über die Zeit in Krakau. Das einzige, was er uns erzählte, war, dass da eine große, hohe Mauer war, die das Zuchthaus umgab.
Diese „große Mauer" – Vater sah in die Ferne, während er weiter erzählte – hat wohl eine unüberwindbare Blockade in seinem Ge-

dächtnis hinterlassen. Er hielt inne und ich sah, dass ihm schwere Gedanken durch den Kopf gingen. Seine buschigen Augenbrauen zogen sich schmerzhaft nach oben. Er musste dort wohl Schreckliches erlebt und gesehen haben. Man sagt, dass an der Mauer von Montelupich regelmäßig Erschießungen stattfanden.
Mein Vater wurde weiter nach Pustkow deportiert und musste auf einem Truppenübungsplatz der SS Zwangsarbeit im Tiefbau leisten. In Dreck und Schlamm. Nach mehreren Monaten Schufterei, Schlägen und anderen Drangsalierungen wurde Vater erneut auf Transport geschickt.
In Pustkow wurden die Zwangsarbeiter in Züge verladen, die für den Viehtransport eingerichtet waren.

„Nach einigen Stunden Fahrtzeit wurde unser Zug immer langsamer, bis wir irgendwann nur noch Schrittgeschwindigkeit fuhren. Wir schauten durch die Holzritzen in unserem Waggon. Auf einmal sah ich Menschen draußen, Frauen, die leise miteinander sprachen. Auch Männer waren dort. Nun konnte ich sie sogar verstehen. Sie sprachen Romanes, unsere Sinti-Sprache. Sogleich fing ich aufgeregt an, durch die Zähne zu pfeifen. Ich sah, wie die Menschen draußen die Köpfe hoben, sich umsahen und Ausschau hielten nach dem Pfiff. Meine Mitgefangenen im Waggon aber hielten mich zurück. Sie fürchteten, dass die Wachen uns umbringen würden, wenn sie entdeckten, dass der Pfiff aus unserem Waggon kam. So blieb ich still und beobachtete weiter. Ich merkte schnell, das war ja ein riesiges Konzentrationslager. Eine große Gefängnisstadt. Auschwitz-Birkenau. Das Todeslager.
Dicht an den Gleisen war der Block B II e, das ‚Zigeunerlager'. Tausende unserer Leute waren hier inhaftiert. Das wusste ich damals noch nicht, ich hatte aber genau verstanden, dass hier unsere Sprache, Romanes, gesprochen wurde.
Der Zug blieb lange Zeit stehen. Nichts geschah. Keiner öffnete die Waggontüren. Wir waren alle sehr ruhig und still, schauten durch die Holzritzen voller Angst, was sich wohl ereignen würde. Nach etwa zwei Stunden setzte sich zu unserem Erstaunen unser Zug langsam

Blick aus dem Viehwaggon

in Bewegung. Wir fuhren wieder raus aus dem Lager. Hier sollten wir nicht ausgeladen werden. Zum Glück.
Da das Lager Auschwitz-Birkenau zu dieser Zeit überfüllt war, wurden wir weiter transportiert. Sehr lange, Nacht und Tag im stickigen Viehwaggon. Nach endlos langer Fahrt hielt der Zug erneut an einer Rampe. Die Waggontür wurde entriegelt. Die Wachmannschaften brüllten und herrschten uns an, uns in Reihen aufzustellen. Dabei wurden viele von uns geschlagen, andere getreten oder ihnen wurde mit dem Gewehrkolben in den Rücken gestoßen. ‚Schnell, schnell!', hieß es. ‚Schneller!' Dann hier ein Schuss, dort der Schrei von einem Verletzten. Nur keinem der Bewacher in die Augen schauen, dachte ich. Im gleichen Augenblick wurde ein Mithäftling angeschrien, er solle dem Offizier gefälligst in die Augen sehen. Zu spät, auch das war ein Fehler. Der Gehorchende wurde auf der Stelle niedergetreten. Solange getreten, bis er nicht mehr aufstehen konnte. Als wir nach langem Fußmarsch das Lager erreicht hatten, flüsterte ein Mithäftling, dass wir jetzt wohl in Sachsenhausen seien. In der Tat. Das KZ Sachsenhausen-Oranienburg bei Berlin. ‚Heim im Reich' also. Zurück in Deutschland."

Im Juli 1944 kam unser Vater also wieder nach Deutschland. Im Konzentrationslager Sachsenhausen wurde er mit der Häftlingsnummer 88112 geführt. In der Häftlingsliste ist er als Korbmacher eingetragen. Für Siemens musste Vater dann als Zwangsarbeiter in der Rüstungsproduktion schuften, wurde behandelt wie ein Sklave. Später musste er für die Heinkelwerke im Flugzeugbau arbeiten.

„Da gab es keine Möglichkeit mehr, in die Lagerbaracken zu gelangen, die waren überfüllt. Nach der Arbeit mussten wir ins Lager zurückmarschieren, viele von uns fielen vor Erschöpfung um. In der Nacht hatten wir keinen Schlafplatz. Wir mussten draußen liegen, in den Schützengräben. Und wurden auch schon bombardiert.
Eigentlich war der Krieg schon verloren. Der Endkampf um Berlin hatte begonnen, über uns dröhnten die Bomber der Alliierten, knatterten die Stalinorgeln der Russen. Zu unserer Angst vor den deutschen Wachmannschaften kam jetzt auch noch die Furcht, vom ‚Feind' getroffen zu werden."

In der Hoffnung, dass seine Eltern und Geschwister noch am Leben waren, schrieb mein Vater mehrere Briefe und Karten. Auf jeder Karte, jedem Brief war folgender Aufdruck zu lesen:

„Der Führer kennt nur harte Arbeit und Sorge, wir wollen ihm den Teil abnehmen, den wir ihm abnehmen können."

und weiter:

Absender: Hermann Weiß, geb. 17.3.1925 in Karlsruhe
Block VA Sie K.L. Sachsenhausen

Oranienburg/Berlin
2.12.1944

Liebe Eltern,
ich möchte Euch mitteilen, dass ich meinem Bruder 3-mal geschrieben habe und auch meinem Onkel in Würzburg habe ich einmal geschrieben und bis jetzt noch keine Antwort erhalten.
... Liebe Eltern, ihr könnt Euch denken, wie es mir ist, da ich so lange keine Antwort von Euch bekommen habe.
... Liebe Eltern, wenn ihr meine Karte erhaltet so schreibt sofort den anderen und teilt ihnen mit, dass ich hier in Berlin bin, und dass es mir gut geht. Hauptsache, ich bin gesund. Was ich auch von Euch hoffe.
... Liebe Eltern, wenn Gott will, werde ich bald bei Euch sein.
Bitte schreibt mir.

Es grüßt Euch euer Sohn Hermann.

Wie viele Briefe mein Vater geschrieben hat, weiß ich nicht. Einige sind sogar angekommen, so wie der oben gezeigte. Diese Post bekamen seine Eltern allerdings erst viel später in die Hände. Als der Krieg schon vorbei war.
Meine Großeltern hatten das Glück, zu den Überlebenden zu gehören. Die Ghettos und Konzentrationslager in Polen wurden von der Roten Armee befreit. Somit waren Purodada und Purimama, unsere Großmutter, gerettet. Mein Vater indessen wusste nichts vom Verbleib seiner Eltern.

„Die Ungewissheit machte mich kaputt. Wie erging es wohl Vater, wie Mutter, sind sie überhaupt noch am Leben? Meine Schwestern, meine Brüder mit ihren Familien – wo waren sie? Nichts wusste ich. Nur die Hoffnung, sie eines Tages wiederzusehen, hielt mich am Leben. Als wir, die Zwangsarbeiter von den Heinkelwerken, keinen Platz mehr fanden in den Baracken von Sachsenhausen und draußen im Graben schlafen mussten, lagen wir dicht gedrängt in den Nächten nebeneinander. Es war schon Herbst, die Nächte waren sehr kalt. Ein Mithäftling, der schon zum Gerippe abgemagert war, suchte Schutz zwischen uns anderen Häftlingen, um den Wachmannschaften nicht aufzufallen. Diese fackelten nämlich nicht lange, wenn sie einen schwachen Häftling entdeckten, kurzer Hand wurde er dann erschossen. Am nächsten Morgen, der Tag graute, es lag ein leichter Nebel über dem Lagergelände, fiel mir auf, dass mein Nebenmann, jener schwache Häftling, sich nicht mehr bewegte. Und plötzlich spürte ich: Er war tot.“

Am Knielinger „Häusle" gab es einen Anbau, der niedriger als das Haupthaus war. Dort sollte Tante Elsa einziehen. In dem Anbau hatten vorher „Gastarbeiter" gewohnt, denen der Anbau als Unterkunft zur Verfügung gestellt worden war. Das sah nicht gerade einladend aus.
Nachdem wir unsere Sachen aus dem städtischen Umzugsfahrzeug ausgeladen hatten, konnten wir Schwestern uns das neue Umfeld erst richtig anschauen. Es war sehr idyllisch. Obwohl dies im Februar noch gar nicht wirklich sichtbar war, konnte man schon erahnen, wie schön es hier im Frühling, wenn alles blühte und grünte, aussehen musste.
Tante Elsa war die zweitälteste Schwester von unserem Vater. Auch Rudolf, ihr Sohn, sollte mit seiner Frau und seinem etwa zehn Monate alten Töchterchen mit in den Anbau einziehen. Unsere Mutter hielt uns an, Tante Elsa zu helfen, die Müllberge und das sonstige Gerümpel aus dem Anbau zu werfen und alles zu säubern. Schnell halfen wir vier Schwestern dabei.
Tante Elsa war wieder guter Dinge und konnte vor lauter Lob für ihre tüchtigen Nichten nicht an sich halten. So konnten schließlich auch alle anderen zukünftigen Bewohner des „Häusle" in die bezugsfertigen Wohnungen einziehen. Im ersten Obergeschoss zog unsere elterliche Familie ein. Unseren Purodada hatten wir natürlich bei uns mit dabei.
Tante Henriette und Onkel Gustav, mit den beiden erwachsenen behinderten Kindern Theodor und Melitta, sowie der jüngste Sohn Jürgen zogen ins Erdgeschoss. In eine Art Einliegerwohnung, ebenfalls im Erdgeschoss, zog ihre Tochter Katharina mit ihrem Mann und ihrem 18 Monate alten Söhnchen. Vor dem „Häusle" hatten wir ein großzügiges Grundstück, das in der Länge fast 100 Meter ausmachte. Am anderen Ende befanden sich ein großes Wohnmobil und ein zum Wohnen umgebauter Bauwagen, in dem Onkel Nikolaus mit seiner Frau Lydia und ihrer zwölfjährigen Tochter Sybilla lebten. Somit wohnten auf dem Grundstück neunzehn Personen, alles engste Verwandte, eine richtige Großfamilie.
Es war der sehnlichste Wunsch der älteren Generation, unserer Väter, Mütter, Onkel und Tanten, zusammen wohnen zu bleiben, in Erfüllung gegangen. An diesem Abend des 2. Februars 1971 hätte ich eigentlich ein Dankgebet sprechen sollen, für das wunderbare

Glück, endlich in einem richtigen Haus wohnen zu dürfen. Aber ich hätte sowieso nicht gewusst, welches der zwei Gebete, die ich kannte, wohl passender gewesen wäre, das „Gegrüßet seist du Maria, voll der Gnade, du bist gebenedeit unter den Weibern", oder sollte es vielleicht doch eher das „Vater unser" sein?
Beide Gebete hatte mir Tante Henriette beigebracht. Bei ihr fühlte ich mich immer wohl und geborgen und manchmal durfte ich sogar bei ihr übernachten. Als ich sie einmal fragte, warum denn „Maria", die Mutter von Jesus, ein Weib sein sollte und dazu noch gebenedeit, konnte sie mir allerdings nicht direkt antworten, obwohl sie sonst immer sehr auskunftsfreudig war. Eigentlich war ich damals auch nicht mehr so richtig gläubig. Vater sagte nämlich:
„Wenn es Gott wirklich gäbe, wie hätte er dann Auschwitz zulassen können?"
Unsere Mama dagegen war immer eine sehr gläubige Frau. Solange ich mich erinnern kann, trug sie ein Heiligenbild von der „Heiligen Jungfrau Maria" in ihrer Brieftasche mit sich. Oder ein Bild des Heiligen Antonius von Padua.
Nach und nach lebten wir uns ein in der neuen Umgebung. Vater kaufte von einem Bauunternehmen, das seinen Sitz in direkter Nachbarschaft hatte, eine geräumige Container-Baracke. Er wollte sich daraus eine neue Werkstatt bauen. Unser Vater konnte sich mit der Baufirma auf einen

Die heilige Jungfrau Maria

guten Preis einigen. Den Abbau übernahm er selbst. Freunde und Verwandte halfen ihm tatkräftig dabei, die Baracke ab- und auf unserer Seite des Areals wieder aufzubauen. Der Aufbau dauerte fast das ganze Frühjahr und den gesamten Sommer lang. Aber dann hatte unser Vater endlich seine Instrumentenbau-Werkstatt.
Mein Vater hatte das Geigenbauhandwerk von seinem Vater Michael Weiß erlernt. Schon dessen Vater Rudolf war Geigenbauer gewesen. Vater, Purodada (Großvater) und Onkel Nikolaus waren in der Sinti- und Roma-Gesellschaft sehr geschätzte Männer. Als meisterliche Geigenmacher und auch als hervorragende Musiker waren sie bekannt. Ich erinnere mich noch sehr gut daran, dass auch

Schnuckenack Reinhardt, der später ein sehr erfolgreicher Musiker wurde, oft meinen Vater aufsuchte, um sein Instrument reparieren zu lassen. Es gab ein weitläufiges Verwandtschaftsverhältnis zwischen Schnuckenack und meiner väterlichen Familie.
Bei solchen Besuchen wurde fast immer von „früher" erzählt. Auch die Familie von Schnuckenack Reinhardt war zusammen mit den anderen badischen Sinti und Roma in die Ghettos und Konzentrationslager des Ostens deportiert worden. Stundenlang redeten die Männer damals über die vergangene Zeit, die Zeit ihrer Verschleppung und das dabei Erlittene. Ihre ernsten Gesichter blieben mir fest im Gedächtnis haften. Ich erinnere mich, dass sie sich bei schönem Wetter meistens nach draußen vor die Werkstatt setzten und erzählten. Wir, meine Schwestern und ich, mussten dann etwas Kaltes zum Trinken bringen, das wir den Männern auf den Gartentisch stellten. Bei solchen Gelegenheiten blieben meine Schwestern und ich in unauffälliger Nähe, um die Gespräche zu belauschen. Niemals vergesse ich die Worte meines Vaters, als er erzählte:

„Vieles war unfassbar, was wir mit ansehen mussten. Einer der Transporte aus dem Ghetto kam an, als ich während meiner Arbeit eines der vielen Schlaglöcher der Lagerstraße zuschütten musste. Ohne meinen Kopf zu erheben, beobachtete ich, wie wieder einmal Häftlinge, Männer, Frauen und Kinder, auf einen offenen Lastkraftwagen aufgeladen wurden. Ein Säugling, den eine der Frauen, die schon auf dem offenen Laster saß, auf dem Arm trug, weinte bitterlich, während die anderen Häftlinge ohne Gegenwehr und fast schon bedächtig auf den Wagen hinauf stiegen. Plötzlich ertönte ein lauter Schuss, alle waren wie erstarrt durch diesen Knall einer Pistole. Danach war alles ganz still. Das Weinen des Kindes war verstummt. Keiner traute sich hinzuschauen. Da sah ich, dass einer der höheren Offiziere seine Waffe wieder zurück in seine Halterung steckte. Ohne sich umzudrehen, ging er davon. Wir dachten, er hätte den weinenden Säugling erschossen, bis wir erkannten, dass es die Mutter des Kindes war. Die Frau war sofort tot. Sie hielt das Kind aber immer noch im Arm. Da flüsterte ich einer Häftlingsfrau, die in der Reihe stand, zu, sie möge das Kind doch der Toten aus dem Arm nehmen."

Unsägliches mussten unsere Eltern und die anderen Verwandten erleiden. So manches Mal fragte ich mich deshalb, ob unser Vater wohl deshalb so streng mit uns Kindern war.

Vater hatte nämlich eine Trillerpfeife und immer, wenn er seine Töchter nicht gleich entdecken konnte, pfiff er nach uns. Den Pfeifton konnte man auch, wenn man sich einige hundert Meter weit weg vom Wohnplatz aufhielt, hören. Vater erlaubte uns Töchtern aber keinesfalls, uns weit von der Baracke zu entfernen. Irgendwann aber richteten sich einige „halbstarke" Jungs aus der Siedlung im Keller der Steinbaracke ein Musikstudio ein. Ausgestattet mit Schlagzeug, Gitarre, E-Bass und sonstigem Musikinventar spielten sie zusammen die neue Beat-Musik. Das war etwas ganz revolutionär Neues für uns. Während die Jungs unten im Keller probten, versammelte sich die ganze Baracklerschar von Mädchen und Jungen vor dieser Steinbaracke, um der Sensation des neuen Beats und der Livemusik zu lauschen. Es war so laut, dass es bis zu unserer Wohnung zu vernehmen war.
Meine beiden älteren Schwestern, Claudia und ich, rannten sofort los, um auch dabei zu sein, wir alle wollten unbedingt die neue Musik der „Beatles" live miterleben. Kaum dass wir einige Minuten vor der Steinbaracke standen, zeigte uns einer der Jungs, die auch da waren, dass unser Vater uns rief. Und tatsächlich sahen wir, dass er heftig mit den Armen rumwirbelte und uns zurückrief. Eigentlich hatte er seine Trillerpfeife benutzt, die konnten wir aber wegen des lauten Schlagzeugs nicht hören.
Der „heißen" Band mit der ebenso „heißen" Beatmusik, bei der auch unser Cousin Jürgen mitspielte, durften wir nicht mehr zuhören, das verbot Vater uns ausdrücklich. Dabei ging es ihm in diesem Fall wahrscheinlich eher darum, dass wir uns vom Grundstück nicht zu weit weg entfernen sollten, als dass wir die „eklige Musik", so Vater, nicht hören sollten.
Dass die übermäßige Obhut, in der wir Schwestern uns befanden, manchmal doch übertrieben war, wurde mir nur im Vergleich mit den anderen Kindern und Jugendlichen unseres Stadtteils bewusst. Nie durften wir ins Schwimmbad gehen, nie uns mit Freunden außerhalb des Hauses treffen.
Ich erinnere mich, wie ich mich einmal wieder im Zimmer von unserem Purodada aufhielt, um sauber zu machen. An diesem Tag war ich sehr traurig. Ich machte gerade eine kleine Pause, schaute mir die Holz-Büste des heiligen Antonius von Padua an, die auf einer geschnitzten Konsole in der Ecke stand, und weinte. Niemand beobachtete mich, also ließ ich meinen Tränen freien Lauf, sprach zur heiligen Figur und fragte, warum ich denn nicht einfach ein ganz normales Mädchen aus der Mehrheitsbevölkerung sein konnte. Ein

Mädchen, das auch mal mit ihrer Freundin ins Kino gehen durfte. Ein Mädchen, das nicht immer so viel Angst vor Dingen, die es nie gesehen und erlebt hatte, haben musste. Warum konnte ich nicht einfach nur ein Mädchen sein, das nicht „Zigeunerin" geschimpft wurde, ein Mädchen, das einfach nur ein Mensch sein durfte?
Warum war es so schlimm, ein Sinti-Mädchen zu sein? Warum mussten wir Kinder alle sofort mucksmäuschenstill sein, wenn Nichtsinti bei uns waren? Seid still, hieß es dann sogleich. Zum Beispiel, wenn die „Fürsorgerin" kam. Diese prüfte einmal im Jahr die „Zustände" zu Hause, denn unsere Eltern lebten ja ohne Trauschein in einer sogenannten „wilden Ehe". Später mussten unsere Eltern gar nichts mehr sagen, wir blieben einfach still, wenn „Fremde" da waren.
Alles zu Ende gedacht, wischte ich mir aber schnell die Tränen ab, damit mich keiner so sah. Denn schließlich kam ich zu dem Schluss, dass ich sehr gern ein Sinti-Mädchen war.
Mein Vater war ein begeisterter Klassikhörer und selber spielte er Geige, Klavier und Cello. Unsere Mama war immer sehr stolz auf ihren hochmusikalischen Mann. Sonntags gab es bei uns nach dem Mittagessen oft Kammermusik. Onkel Nikolaus spielte ebenfalls die Geige, Großvater Bratsche oder Viola, Onkel Gustav Kontrabass. Und Peter, der älteste Sohn von Nikolaus, war sozusagen der Konzertmeister unseres Kammermusikensembles. Er studierte an der Hochschule in Karlsruhe Musik.
Musikstücke von Johann Sebastian Bach, Tschaikowski oder Fritz Kreisler mit dem wunderbaren „Schön Rosmarin" oder „Liebesfreud" wurden mit Vorliebe eingeübt. So wuchsen wir auch schon in der Baracke mit klassischer Musik auf. Es war immer wieder faszinierend, wenn unser Vater seine Musikanlage anmachte und zum Beispiel Mendelssohns Violinkonzert in E-Dur Opus 64 auf Schallplatte abspielte. Oder wenn wir Tschaikowskis Violinkonzert D-Dur Opus 35, gespielt von David Oistrach oder Jascha Haifetz, Yehudi Menuhin und später dann Ithzak Perlman, anhörten. Wir waren ganz still, als ob wir in einem Konzertsaal saßen, jeder vermied es, sich zu räuspern, um ja nicht die Atmosphäre zu zerstören. Heute muss ich unweigerlich weinen, wenn ich diese Musik höre. Auch fallen mir Vaters Worte ein, als er erzählte:

„Einmal kam ein deutscher Offizier im polnischen Lager Pustkow zu mir und fragte mich, ob ich denn auch Geige spielen könnte, ich sei ja schließlich ein ‚Zigeuner'. Ich antwortete mit einem leisen Ja. Er ging

wortlos aus der Lagerbaracke und kehrte kurze Zeit wieder zurück. In der Hand hatte er eine Geige, dazu einen Geigenbogen. Ich traute mich kaum, ihn richtig anzuschauen, als er seine Stimme erhob und meinte, ich solle spielen, während er mir das Instrument hinhielt. Ich nahm mechanisch die Geige und den Bogen und sofort, ohne auch nur eine Sekunde länger zu warten, fing ich an, einen Walzer zu spielen. Ohne eine Miene zu verziehen, stand der Offizier da und hörte mir zu, kein Anzeichen sprach dafür, dass ihm das Spiel gefiele, doch ließ er mich weiterspielen, bis ich mit dem Stück am Ende war. Dann fragte er mich, ob ich noch andere Stücke könne. Ich bejahte und dachte schon, ich solle weiter spielen. Da nahm er mir das Instrument auch schon aus der Hand und meinte, ab jetzt würde ich täglich eine Ration Brot extra bekommen, dafür müsse ich, wenn er Zeit dafür habe, für ihn spielen. Und dann spielte ich so manches Mal um mein Leben. Die Musik hat mich vor dem Schlimmsten bewahrt.
Von vielen Konzentrationslagern weiß man, dass die Wachmannschaften Musikkapellen zusammenstellen mussten. Unter den Häftlingen waren oft ausgezeichnete Musiker. Diese wurden von den Offizieren ausgesucht, zu ihrer Unterhaltung mussten sie aufspielen. Aber auch zum Abmarsch der Sklavenarbeiter in die Fabriken."

Die Situation der gefangenen Musiker im Konzentrationslager Jasenovac in Kroatien, beschreibt ein Zeitzeuge:

„Jede Kapelle hatte 12 Mann. Sie spielte einen Monat lang, vom Ersten bis zum Letzten. Ein Monat mit 31Tagen war ein Glück, ein Geschenk für die 12 ‚Zigeuner' – ein Tag mehr, 24 Stunden. Sie spielten bis zu Mittag, sie spielten abends und am letzten Tag bis in den Morgen. Und in dem Monat, in dem sie Tafeldienst im Offizierskasino hatten, ging es ihnen besser als den anderen ‚Zigeunern' im Lager von Jasenovac. Am 30. oder 31., dem letzten Tag jedes Monats, wurde nach dem Abendessen das elektrische Licht ausgeschaltet, und es leuchteten nur die Kerzen, um die sich der Rauch der schweren Zigarren als blauer Nebel legte. Und nun betete jeder der 12 ‚Zigeuner', dass der Kommandant nicht schläfrig wurde. Wenn der Kommandant anfing, müde zu werden, und die Nacht zu gleiten begann, zeigte er auf einen ‚Zigeunermusiker'. Der musste sein Instrument niederlegen, und er ging durch den mit Kerzen erleuchteten Saal vor das Tor des Kasinos, wo die Eskorte schon auf ihn wartete, die ihn in den Wald führte. Wenn der Schuss aus dem Wald kam – man konnte ihn auch, während man spielte, im Saal hören –, machte sich der nächste bereit. Aber er spielte noch, bis der Kommandant auf ihn zeigte. War ein deutscher SS-Offizier Kommandant des Lagers, so ging es schnell. Denn die Deutschen wurden bald müde im Rausch des ungewohnten Slibowitz."

Auch ein Cousin unseres Vaters musste im sogenannten „Auschwitzorchester" bis zu seiner Ermordung mitspielen.
Mit 15 Jahren, mit all seinen Verwandten in eine ungewisse Zukunft deportiert, lebte Vater, seit er sich schützend vor seinen Vater gestellt hatte und deshalb auf Transport geschickt wurde, allein, auf sich gestellt. Seine Verhaftung war am 19. Mai 1943. Das Datum wissen wir deshalb so genau, weil an diesem Tag Tante Henriettes Tochter Katharina im Ghetto in Polen zur Welt kam. Als Katharina, Jahrzehnte später am 19. Mai 2010, unseren Vater im Krankenhaus besuchte, erinnerte sie ihn daran. Heute sei es genau auf den Tag 67 Jahre her, dass er von seiner Familie getrennt wurde. Ihre Mama hatte ihr nämlich erzählt, dass Onkel Hermann, der in den Jahren nach dem Krieg als vermisst galt, genau am Tag ihrer Geburt verschwunden war.
Vater weinte fast unmerklich, als Katharina ihn an diese Zeit, an diesen Tag, in diesem Moment erinnerte. Er hatte sich das Bein gebrochen. Ein Oberschenkelhalsbruch, so die Ärzte im Spital, der dringend operiert werden müsste.
Unser Großvater (Purodada) wusch sich am Silvesterabend immer rituell die Füße. Als wir noch in den Baracken wohnten, nahm ich mir einmal ein Herz und fragte ihn, warum er denn diese Zeremonie mit der Fußwaschung vornehme; er meinte:

„Damit mich meine Füße im Neuen Jahr nur an gute Orte hinführen mögen. Und das wird nur gelingen, wenn die Füße sauber und rein sind."

Das habe schon Jesus Christus so getan, als er im Heiligen Land über die Landstraßen zog. Und einmal hätte eine schöne Jungfrau ihm mit ihren Haaren die Füße getrocknet.
Eine andere bemerkenswerte Geschichte erzählte unser Purodada, als wir Teenager waren:

„Auf keinen Fall wollte ich im Ersten Weltkrieg als Soldat dienen. Auf Menschen zu schießen, wäre für mich nie in Frage gekommen. Also, was tun? Während zwei meiner vier Brüder, die anderen lebten zu dem

Zeitpunkt im Elsass, zur Armee gingen, blieb mir und Anton, auch er war gegen das Kämpfen, nur eine Möglichkeit … uns die Hand, mit der wir schießen sollten, zu zerstören. Also schossen wir uns den Abzugsfinger kaputt und wurden somit als ‚untauglich' erklärt."

Diese Geschichte von unserem Purodada gefiel mir. Denn zu jener Zeit fürchteten wir uns sehr vor einem neuen dritten Weltkrieg. Und viele, die dagegen waren, sagten:
„Stell Dir vor, es ist Krieg
Und niemand geht hin."
Später, als unser Großvater schon verstorben war, sahen wir, dass unser Vater das Ritual der Fußwaschung weiter tradierte. Fortan verging kein Silvestertag oder -abend, an dem unser Vater nicht seine Fußwaschung und -salbung vornahm. So dankte er seinen Füßen, dass sie ihn aus der Kriegsgefangenschaft wieder in die Heimat geführt hatten.
Ansonsten gab es aber keine besonderen Rituale oder sonstige Besonderheiten bei uns in der Familie.
Außer, dass Vater ein „Tierflüsterer" war. Da waren wir Schwestern uns einig, Vater hatte eine besondere Gabe, mit Tieren umzugehen. Eigentlich gab es immer irgendwelche Tiere bei uns in Knielingen. Es war nicht nur für uns ein kleines Paradies. Wir hatten Hühner, Enten oder einmal sogar ein Ferkel, das auf unserem Grundstück aufgezogen wurde, bis aus ihm ein voll ausgewachsenes Schwein wurde. Besonders unser Purodada hatte einen innigen Bezug zu diesem Schwein. Auch er konnte mit Tieren sehr gut umgehen.
Früher, wohl in der Zeit vor den Nazis, hatte Purodada sogar zwei Pferde. Es hieß, diese gehorchten ihm aufs Wort. Und später kam das Schwein, das von uns „Balo" gerufen wurde, sofort angerannt, wenn es unseren Großvater von Weitem entdeckte. Es ließ sich dann von ihm streicheln, tätscheln und liebkosen, dabei drehte es sich im Ringelreihen wie im Tanz, quietschte laut vor Vergnügen und sah überglücklich aus. Das Schwein gehorchte Großvater sogar, wenn er sich aufmachte, um spazieren zu gehen. Balo folgte zunächst „seinem Herrn" wie selbstverständlich, bis Großvater dem Tier klar machte, dass es nicht mit konnte – dabei sprach er beruhigend auf Balo ein, so wie man mit einem Kind sprach. Balo blieb auf der Stelle stehen, schaute, als ob er jedes Wort verstanden hätte, und ließ Großvater seines Weges gehen. Niemand anderen ließ Balo an sich heran. Jeden, der versuchte, ihm nahe zu

kommen, stieß Balo mit seiner nass tropfenden Schweineschnauze aus dem Weg.
Unser Vater hatte die Gabe, mit Tieren umzugehen, wohl vom Purodada geerbt. Neben den Hühnern und Enten gab es noch einen großen stolzen Hahn. Und als Gregory, sein Enkel, der von unserem Vater groß gezogen wurde, sich einen Hund wünschte, kaufte Vater für ihn einen weiblichen Schäferhundwelpen. Unser Grundstück war so groß, dass alle Tiere genügend Freilauf hatten. So kamen noch vier junge Gänse und ein Ganter dazu, wobei der Ganter sich wie ein Hund benahm. Kamen fremde Personen, wie der Postbote oder auch Verwandte, die nicht im Haus lebten, vorbei, griff er sie an. Mit waagrecht ausgestrecktem Hals lief er geduckt und gezielt, wie bei einer Attacke, auf die „fremde Person" zu. Dabei kam es schon mal vor, dass der Verfolgte sich rasch in Sicherheit bringen musste, wollte er oder sie nicht Bekanntschaft mit dem Schnabel des wütenden Ganters machen. Niemand durfte dem Geflügel zu nahe kommen. Die Ausnahme war unser Vater. Der Ganter wich nicht von seiner Seite und besuchte ihn sogar in der Werkstatt. Vater unterhielt sich mit dem Tier, während dieses ruhig und gelassen auf seinem Schoß saß, dabei zog es die Watschelfüße tief in sein Gefieder, so wie es die Katzen tun, wenn sie es sich gemütlich machen. Vater streichelte dem Ganter über den langen Hals und sprach beruhigend auf ihn ein. Vielleicht erzählte er ihm sogar etwas „von damals".

Der stolze Hahn und Schira der Schäferhund

Und dann war da noch der große stolze Hahn. Fast schon majestätisch lief der beachtlich große Gockel umher und bewachte seine Hennen. Er hatte ein rotbraunes Gefieder, sein Kamm leuchtete feuerrot und war von prallem fleischigem Auswuchs. Das Tier war sehr angriffslustig. Manchmal setzte es beim Angriff sogar seine Sporen ein. Das konnte sehr schmerzhaft enden, daher rannten die meisten Besucher davon, wenn der Gockel zur Attacke ansetzte.

Unseren Vater allerdings griff das Tier niemals an, ihn ließ er in Ruhe. Vater bestrafte den Gockel nach so einem Angriff, indem er das Tier festhielt und auf ihn leise einredete, ob seiner Ungehorsamkeit. Dabei konnte man sichtbar erkennen, dass der sowieso schon gut durchblutete Hahnenkamm des Tieres dunkelrot anlief vor Aufregung. Wenn der stolze, angriffslustige Gockel dann beruhigt war, ließ unser Vater ihn seines Weges gehen und der wiederum „verpflümte" sich für eine ganze Weile in eine Ecke und blieb schuldbewusst ruhig, bis ihn niemand mehr beachtete.
Unsere Mama war eine sehr starke Frau. Schon im Alter von 15 Jahren hatte sich Johanna in unseren Vater, der fast zehn Jahre älter war als sie, verliebt.

„Eigentlich habe ich mich in euren Vater schon damals verliebt, als eure Purimama mir von ihm erzählte. Euer Vater war ja bei Kriegsende nicht mit seinen Eltern zurückgekommen. Er wurde von seinen Eltern in Polen getrennt und deportiert. Und war von dem Moment an verschollen. Aber in den Herzen seiner Eltern lebte er weiter. Ich habe sie beide in Beiertheim, in der Barackensiedlung kennengelernt. Dort wohnten auch meine Mutter und meine Brüder, nachdem wir in unsere Heimatstadt Karlsruhe zurückgekehrt waren. Unsere Eltern kannten sich wohl schon vor dem Krieg, aber damals war ich ja noch ein kleines Kind.
Ja, ich war ungefähr 13 Jahre alt und hatte den Neffen und die Nichte von eurem Vater als Freunde. Melitta war genau so alt wie ich und ihr Bruder Theo zwei Jahre älter. Wir sahen uns fast jeden Tag. Und immer, wenn ich sie besuchen kam, rief mich die Großmutter von beiden, eure Purimama, die Mama von eurem Vater, zu sich, um zu fragen, ob ich, wie verabredet, die weggeworfenen Zigarettenstummel der amerikanischen Soldaten für sie eingesammelt hätte. Dann saß ich neben ihr auf einem kleinen Schemel und schaute zu, wie sie sich flink und geschickt aus den aufgesammelten Stummeln eine neue Zigarette drehte, die sie anschließend genüsslich rauchte. Während sie rauchte, fing sie an, von ihrem vermissten Sohn zu erzählen. Wie lieb und gut er immer gewesen sei. Dass er einmal heimlich eine Geige gebaut habe, ohne dass sein Vater es bemerkt hätte. Er habe sich heimlich in die Werkstatt des Vaters geschlichen und dort gearbeitet, wenn der Vater schlief. Dieser Hermann ging mir seither nicht mehr aus dem Kopf. Seine Mutter hatte ihn ja so liebevoll beschrieben, dass ich gar nicht anders konnte, als mich heimlich in diesen Jungen zu verlieben, obwohl ich ihn ja überhaupt nicht kannte und nicht einmal wusste, ob ich ihn jemals sehen würde."

Das war 1948 im Frühjahr.
Unsere Mama hatte einen richtig romantischen Ausdruck im Gesicht, als sie uns von ihrer „heimlichen Liebe" zu unserem verschollenen Vater erzählte.
1948 bekamen Purodada und Purimama, unsere Großeltern, endlich den Bescheid, dass ihr vermisster Sohn Hermann aus der russischen Kriegsgefangenschaft heimkehren werde. Drei Jahre nach dem Krieg!
Vater war doch niemals Soldat gewesen, er war ein Junge von fünfzehn Jahren, als er deportiert wurde. Er, der „Zigeunermischling mit überwiegend zigeunerischen Blutsanteilen" wurde im Sachsenhausener Konzentrationslager als Zwangsarbeiter solange eingesetzt, bis er in die sogenannte Einheit Dirlewanger gesteckt wurde. Eine Strafkompanie der deutschen Wehrmacht, ein Todeskommando. Vater berichtete:

„Ende 1944 wurde ich mit insgesamt 170 anderen Häftlingen aus Sachsenhausen in die Einheit Dirlewanger gezwungen. Ohne dass ich vorher Soldat gewesen war, musste ich eine Wehrmachtsuniform anziehen. Ich bekam sogar eine Offiziersuniform. Als ich darauf aufmerksam machte, wurde ich zurechtgewiesen, mit dem Satz ‚Halts Maul, anziehen!'. So hat die SS mich und andere ‚Zigeuner' wieder deutsch gemacht. Wir sollten im ‚Endkampf' gegen die heranrückende Rote Armee kämpfen. Aber im Grunde waren wir nichts weiter als Kanonenfutter. Mit zwei Handgranaten wurde jeder von uns ins Feuer der Russen geschickt. Natürlich wollte ich gleich überlaufen. Aber mein Plan zerschlug sich. Unsere deutschen Bewacher schickten uns immer weiter nach vorne. Wir wurden bis nach Halbe verbracht und waren dort bald von der Roten Armee eingekesselt. Die Gewehre der SS im Rücken, blieb uns nichts weiter übrig, als dem Feuer entgegenzulaufen. Plötzlich sahen wir, dass offene Lastwagen zuerst hinter uns, dann neben uns her fuhren. Und auf einmal stiegen unsere Bewacher nach und nach auf die Wagen, die jetzt plötzlich in entgegengesetzter Richtung davon fuhren. Als der letzte Wagen losfuhr, nahm ich mir ein Herz und hielt mich hinten an der Klappe fest. Da dachte ich, wenn ich mich nur festhalten konnte, solange der Wagen noch nicht so schnell fuhr, hatte ich vielleicht eine Chance, zu entkommen. Der Wagen war überladen mit deutschen Soldaten. Ich versuchte trotzdem, hinauf zu klettern. Doch niemand half mir aufzusteigen, niemand nahm mich auf. Oh Herr, dachte ich, gib mir die Kraft, mich an dieser Klappe festhalten zu können, sonst werde ich meine Familie nie mehr wiedersehen. Ich spürte, wie der Wagen immer schneller fuhr, meine Beine bald nicht mehr der Geschwindigkeit folgen konnten. So ließ ich los und fiel hin, stand wieder auf und schaute dem mit Soldaten vollgeladenen Wagen nach. Nun ist alles aus und vorbei, dachte ich. Mein Schicksal besiegelt. Da hörte ich ein Geräusch, ein Pfeifen, ein Geschoss, das direkt an mir vorbeiging. Im nächsten Moment sah ich, wie es einschlug in den letzten Lastwagen. Dem Wagen, auf den ich kurz zuvor noch aufsteigen wollte. Ein gewaltiger Explosionsknall, Feuer und Rauch. Wie erstarrt stand ich da, konnte mich für Momente nicht rühren. Nicht einer der Männer auf dem Fluchtwagen war am Leben geblieben. Alle wie vom Erdboden verschluckt, tot. Das Bild nach dieser Explosion kann ich nicht beschreiben. Ich war noch geschockt, da sah ich sie plötzlich auf mich zukommen, die Soldaten der Roten Armee. Russen. Sofort hob ich meine Arme hoch als Zeichen, dass ich mich ergebe. So wurde ich gefangen genommen. Als deutscher Soldat. Eindeutig erkennbar an der Offiziersuniform, in die mich die SS gesteckt hatte. Erkennbar als Feind."

Da halfen Vater auch keine Erklärungsversuche mit Händen und Füßen. Vergeblich versuchte er, den sowjetischen Soldaten zu erklären, dass er rassisch verfolgt, ein Gefangener der Nazis war. KZ Sachsenhausen. Lagerhäftling 11288.

„Dawai, dawai, njet, njet, meinten die Soldaten. Die Uniform war mein Verhängnis. Gefangen genommen von der Sowjetarmee, registriert als deutscher Offizier."

Vater, ich bekomme Kopfschmerzen. Mir schnürt es den Hals zu, meine Kehle verengt sich. Es ist unfassbar, dass Du später so friedfertig mit all denen, die Dich drangsaliert haben, umgegangen bist. Später, als Du endlich in Freiheit warst. Niemals hast du das Wort „Hass" oder „Rache" benutzt, wenn Du von damals erzählt hast. Niemals hast Du uns Feindschaft gelehrt gegen die, die Dir und den Deinen so viel angetan haben.
Die Zeit, in der wir miteinander über Dein „Damals" sprachen, war dem Respekt vor Deiner qualvollen Erinnerung verpflichtet. Da war kein Raum für unsere Gefühle. Daher kommt heute der Kopfschmerz, die Verspannung, das Gefühl der Ohnmacht, den Eltern, den Verwandten in ihren Ängsten nicht beistehen zu können, jetzt, und früher auch nicht. Solange ich denken kann, waren wir

umgeben vom Nebel der ungeweinten Tränen. Die Vergangenheit der Eltern, der Verwandten, sie ist nicht meine und doch bin ich mit ihr unweigerlich so sehr verbunden. Sie klebt an mir wie radioaktive Rückstände, die ich nicht einfach abwaschen kann.
„Dawai, dawai, njet, njet“, *meinten die Soldaten der Roten Armee, als sie unseren Vater in der deutschen Uniform gefangen nahmen. Vater war erst 20 Jahre alt, als er in die Kriegsgefangenschaft kam.*

„Was nun auf mich zukommen sollte, war für mich nicht einzuschätzen. Mit ‚echten‘ deutschen Soldaten kam ich auf Transport ins russische Kriegsgefangenenlager nach Charkow. Immer weiter weg von der deutschen Heimat. Wir mussten schwer arbeiten in diesem Lager und bekamen nicht viel zu essen. Waren alle sehr mager. In den Wintermonaten war es bitterkalt. Und doch fühlte ich mich befreit. Angst vor einer Exekution hatte ich hier nicht. So manches Mal wurde zwar der eine oder andere Häftling von den Wachsoldaten geschlagen, wenn er sich ihren Befehlen widersetzte. Aber ich gab den Soldaten keinen Anlass, mich zu schlagen, verhielt mich ruhig und gab die Hoffnung auf ein baldiges Ende des Krieges und der Gefangenschaft nicht auf. Wenn nur die Sehnsucht nach den Eltern und Geschwistern nicht so groß gewesen wäre. Es quälte mich furchtbar, nicht zu wissen, wie es ihnen erging. Dass der Krieg sich seinem Ende zuneigte, bekamen wir in der Gefangenschaft nur indirekt mit. Ich hoffte natürlich, dass damit alles bald vorbei sein möge. Aber wann?
In Charkow wurde ich von den Russen bald zur Arbeit eingesetzt. Doktor Konstantin, ein russisch-jüdischer Militärarzt, hatte in unseren Baracken die Führung. Die deutschen Soldaten fürchteten sich daher sehr, krank zu werden und von ihm ins Lazarett geschickt zu werden. Dachten sie doch, dass der Doktor sich als Jude womöglich an ihnen rächen würde. Jedoch war diese Befürchtung unbegründet. Im Gegenteil, er war ein äußerst gewissenhafter Arzt, der seiner humanitären Aufgabe sehr ernsthaft nachging. Und ich stand unter seinem besonderen Schutz. Weil Juden und Ciganski doch Brüder und Verbündete seien durch die Verfolgung.“

Vater musste in Charkow mit manchen seiner vorherigen deutschen Peiniger in einer Lagerbaracke schlafen. Dennoch trauten sich selbst die SS-Leute nach Kriegsende nicht mehr, gegen den vorher missliebigen, als Untermensch deklarierten „Zigeuner“ weiter vorzugehen.

„Durch Doktor Konstantin bekam ich Aufgaben in der Brennholz-Verwaltung und später bei der Proviantbeschaffung. Weil ich meine Arbeit gewissenhaft und gut machte, nannte mich Doktor Konstantin fortan belustigt ‚Towaritsch Weiß'. Und auch alle anderen nannten mich bald so. Nach einer gewissen Zeit im Kriegsgefangenenlager verstand ich die russische Sprache und konnte sie bald auch sprechen. So wurde ich als Proviantbeschaffer eingesetzt.
Es war kurz vor Weihnachten 1947, da kam am späten Nachmittag, es war schon dunkel draußen, einer der höchsten russischen Offiziere zu uns in die Baracke. Oberst Wladimir war sehr gefürchtet unter den deutschen Kriegsgefangenen. Als er mich in der Ecke stehend entdeckte, schritt er direkt auf mich zu. ‚Weiß, komm mal mit nach draußen'. Und fügte hinzu: ‚Weiß, Du bist doch ein Ciganski, oder?' Ich antwortete ihm mit dem russischen Da für ja. Darauf meinte der Oberst, er habe gehört, dass ich aus einer Geigenbauer-Familie stamme. Auch jetzt bejahte ich mit ‚Da'. Und da fragte er mich, ob ich sein Cello reparieren könnte, und erklärte, dass es für mich kein Nachteil sei, wenn ich es wieder bespielbar machen würde. Ohne zu wissen, worauf ich mich einließ, bejahte ich wieder ‚Da, Da', worauf er sagte, dass er es am nächsten Morgen von zu Hause mitbringen würde."

Im russischen Gefangenenlager musste mein Vater wenigstens nicht mehr jeden Tag um sein Leben fürchten wie im KZ Sachsenhausen. Er war jetzt Gefangener der siegreichen Roten Armee, die ihn allerdings aufgrund seiner Uniform erst einmal als Feind betrachtete. Nach einiger Zeit in der Gefangenschaft wussten jedoch die meisten Russen im Lager, dass Hermann Weiß ein „Ciganski" war, so das russische Wort für „Zigeuner". Und so konnten einige der sowjetischen Soldaten kaum verstehen, warum ihr „Towaritsch Weiß" eigentlich inhaftiert war. Wussten sie doch, dass die „Ciganski" Opfer der Nazis und ebenso verfolgt wie die jüdischen Menschen gewesen waren.
Doktor Konstantin, der Lazarettarzt und Offizier der Roten Armee, meinte eines Tages, dass er bei Gelegenheit in die „NKWD"-Baracke (das war die Station der sowjetischen Geheimpolizei) gehen würde, um das Missverständnis mit meinem Vater aufzuklären. Er wusste schließlich aus Gesprächen mit Vater von den Hintergründen seiner Gefangennahme. Eines Tages jedoch, als Doktor Konstantin dienstfrei hatte, geschah etwas Unerwartetes:

„Am späten Nachmittag, nach der Arbeit, kam einer der russischen Soldaten mit einer Namensliste in der Hand in unsere Baracke. Der Soldat schaute auf seine Liste und rief einen nach dem anderen alphabetisch mit dem Namen nach vorne. Als schon mindestens zwei Dutzend Namen aufgerufen waren, sprach er auch meinen Namen aus. Ich ging nach vorne, wo schon alle anderen standen, und stellte mich wie mechanisch in die Reihe. Zunächst war ich innerlich wie erstarrt. Dann vernahm ich die Stimme des Soldaten. Mit knappen Worten erklärte er uns, dass wir gleich auf Transport gehen würden. Aber wohin? Ich ahnte, was solch ein Transport bedeutete. Wenn doch nur Doktor Konstantin hier wäre. Er war ja ein höherer Offizier. Insgeheim betete ich, dass doch nur der Konstantin jetzt zurückkäme, er würde es sicher

Vater spielt Cello

nicht zulassen, dass ich mit auf Transport musste. In diesem Moment ging die Tür auf und Doktor Konstantin in Offiziersuniform kam herein. Sofort erwies der Soldat seinem Offizier den üblichen militärischen Gruß. Konstantin musterte die zum Abmarsch stehenden Gefangenen, sein Blick blieb an mir haften. Und er fragte den diensthabenden Soldaten, was denn ‚Towaritsch Weiß' in dieser Reihe zu suchen hätte. Noch bevor er eine Antwort bekam, befahl er, mich sofort aus der Reihe zu nehmen. Mit einem fast unmerklichen Augenzwinkern sah Doktor Konstantin mich für einen kurzen Moment an, als wollte er sagen, keine Angst, solange ich hier bin, geschieht dir nichts. Ich durfte zurück zu meiner Pritsche, während alle anderen nach draußen gingen. Am nächsten Tag hörte ich, dass der Transport nach Sibirien ging."

Mit Hilfe des jüdischen Lazarettarztes war unser Vater dem Tod noch einmal von der Schippe gesprungen. Es war nämlich ein eisiger Winter und Vater hatte eine schwere Influenza. Er erzählte, dass es sein sicherer Tod gewesen wäre, denn in Sibirien war seine Überlebenschance angesichts der bitteren Kälte mehr als gering.

„Am nächsten Tag kam Oberst Wladimir mit einem großen weißen Bündel in unsere Baracke. Aus dem Bündel schaute oben ein Cellohals mit Kopf heraus. Den Rest des Instruments hatte er sorgfältig in ein weißes Laken eingehüllt. Vorsichtig enthüllte er das Tuch von dem verdeckten Musikinstrument und warf mir dabei einen kurzen Blick zu. Was nun zum Vorschein kam, glich keineswegs einem reparaturbedürftigen Cello. Nein, es war einfach nur ein zerstörtes Musikinstrument. Der Korpus war zwar erhalten, aber der Boden völlig kaputt. Als hätte man daraus Kleinholz machen wollen. Und dieses Instrument sollte ich reparieren? Oberst Wladimir sah mich an und wartete einige Momente, bis er mich schließlich fragte, was ich von dem kaputten Cello hielt. Ich meinte, dass das sicher einmal ein schönes Instrument gewesen sein müsse. Er wartete nicht ab, ob ich noch etwas dazu sagen würde und fragte mich, ob ich bereit wäre, es zu reparieren. Ich nickte und meinte, dass ich dazu einiges an Werkzeug bräuchte, Schraubstöcke, Holzleim und vor allem viel Zeit. Zu meinem Erstaunen willigte der Offizier ein. Doch was nun? Was würde passieren, wenn ich das Instrument nicht wieder hinbekäme? An einem Cello hatte ich ja noch nie gearbeitet. Aber schon in den nächsten Tagen brachte der Oberst die Werkzeuge und auch etwas Ahornholz für die Reparatur des Instruments mit.

Einige der Werkzeuge waren nicht wirklich geeignet für die Bearbeitung von Musikinstrumenten, besonders die Messer mussten zunächst verkürzt, schräg zugeschnitten und vor allem dringend geschärft werden, wie ein Rasiermesser. Mit einem von Wladimir mitgebrachten Schleifstein gelang es mir, wie ich das von meinem Vater gelernt hatte, die Messer haarscharf zu schleifen. Und dann machte ich mich an das, was zunächst unmöglich erschienen war. Für die nächste Zeit war ich von der Arbeit freigestellt. Das wurde von oben angeordnet, von Wladimir, dem Oberst. Am meisten Schwierigkeit bereitete mir der Knochenleim. Das war ein ganzes Stück und sah aus wie eine unförmige große Tafel Schokolade. Nachdem ich das Leimstück in einem Aluminiumgefäß auf der Herdplatte des Kanonenofens in unserer Baracke aufgeweicht hatte, war der Leim verwendbar. Schnell musste ich arbeiten, weil die Konsistenz des Leimes nur bei gleichmäßiger Wärme nutzbar war. So fing ich an, Holzstück für Holzstück des Cellobodens zu leimen. Es war keine leichte Arbeit. Der uralte Leim erleichterte mir die Arbeit nicht gerade. Die Temperatur auf dem Kanonenofen konstant zu halten, war vor allem sehr schwierig, denn es musste so geheizt werden, dass wir in der Nacht nicht erfroren, so erbärmlich kalt war es in Charkow im Winter. Dennoch schaffte ich es und nach zwei Tagen Trocknungszeit sah das Cello wieder wie ein Cello aus. Und soweit ich das damals beurteilen konnte, war es auch ein hervorragendes Meisterinstrument. Aber wie würde es jetzt klingen? Wladimir hatte keinen Bogen mitgebracht, mit dem ich es hätte ausprobieren können. Ich stimmte das Instrument, nachdem ich die Saiten aufgezogen hatte. Dann musste ich warten, bis mein Auftraggeber den Cellobogen mitbrachte und selbst das Instrument spielte. Zwei Tage später kam der Oberst in unsere Baracke und ging geradewegs auf mich zu, den Cellobogen in der rechten Hand haltend. Wortlos holte ich das fertige Cello und überreichte es Wladimir. Der holte sich aber zuerst den einen dreifüßigen Holzschemel und stellte ihn in der Mitte der Baracke auf. Dann zog er seinen schweren langen Armee-Mantel aus, danach seine Uniformjacke und zuletzt seine Uschanka, die typische Russenmütze, die den Kopf gut warm hielt. Wladimir, der Offizier, wurde ganz bedächtig. Er nahm das Cello, griff nach dem Bogen und ging zu dem Schemel. Er setzte sich hin und hielt für einen kurzen Moment inne, um dann den Bogen an den Saiten des Cellos anzusetzen. Er begann zu spielen. Und plötzlich sah ich Wladimir mit ganz anderen Augen. Das Musikinstrument und sein Spiel klangen so wunderbar, dass ich Tränen in die Augen bekam. Der Oberst, vor dem sich alle deutschen Gefangenen so sehr fürchteten, erschien mir beim Klang seines Spiels sanft und lammfromm. Denn die sonst so strengen Züge seines Gesichts wichen einem sanften zufrieden scheinenden Lächeln. Ich weiß nicht, wie lange Wladimir gespielt hat, aber ich hätte wohl noch stundenlang dabeistehen und seinem wunderbaren Spiel lauschen können. Der Oberst aber hörte schließlich auf und schaute zu mir rüber. Er meinte, er sei sehr zufrieden mit meiner Arbeit. Ab jetzt würde ich jeden Tag eine zusätzliche Ration Brot und einen Zuschlag beim Essen erhalten."

Erneut war es unserem Vater gelungen, durch sein altes Handwerk und die Musik seine Situation in der Gefangenschaft zu verbessern. Ein Nachschlag und eine Brotration extra bedeuteten, bei Kräften bleiben, besser überleben zu können. Dass seine Gefangenschaft bald ein Ende nehmen sollte, ahnte Vater jedoch zu diesem Zeitpunkt noch nicht.
„Noch in den Tagen vor Weihnachten 1947 ging Doktor Konstantin, wie versprochen, zur Geheimpolizei in die NKWD-Baracke. Dort schilderte er den Beamten, dass alles ein Irrtum sei und dass Hermann Weiß zu Unrecht in Gefangenschaft wäre."
Insgesamt acht Jahre lang war unser Vater ein Gefangener. Seiner Jugend beraubt und erwachsen geworden in Gefangenschaft. Als 15-jähriger Junge von den Nationalsozialisten als „rassen-

minderwertig" eingestuft, verhaftet und ins Konzentrationslager verschleppt, Sklavenarbeiter der Rüstungsindustrie. Von der SS für den Endkampf in Uniform gesteckt und wieder deutsch gemacht und schließlich als russischer Kriegsgefangener in Eis und Schnee. Acht Jahre seines jungen Lebens waren ihm geraubt worden.

„Die Zeit des Wartens war für mich fast unerträglich, seit Doktor Konstantin mir mitgeteilt hatte, dass mein Fall von dem Ausschuss des NKWD geprüft werden sollte. Seither dachte ich jeden freien Moment voller Sehnsucht an meine Familie. Die vielen Briefe, die ich nach Hause geschrieben hatte, waren unbeantwortet geblieben. Verschiedene Adressen hatte ich ausprobiert. Aber nichts kam zurück. Bis ich den Einfall hatte, nach Gräfenhausen in der Pfalz an den Pfarrer zu schreiben, der meine Tante mit ihrer Familie und meine Schwester Henriette und ihren Mann Gustav sehr gut kannte. Da endlich bekam ich zum ersten Mal Antwort. Der Pfarrer schrieb mir, dass meine Tante und ihre Familie überlebt hatten. Und dass ein Teil meiner Familie wieder aus Polen nach Karlsruhe zurückgekommen wäre. Als ich diese Antwort erhielt, wusste ich nicht, wie mir war. Ich fühlte, wie mein Herz schneller schlug. Für einen Moment konnte ich nicht weiter lesen. Wer aus Karlsruhe, wer von den Verwandten war denn zurückgekommen? Wer hat nicht überlebt? Diese Fragen machten mich fast wahnsinnig. Ich las weiter und erfuhr, dass meine Eltern mir in den nächsten Tagen schreiben würden. Ich konnte es kaum erwarten. Aber dennoch musste ich geduldig bleiben. Es blieb mir nichts anderes übrig, als auf ihre Post zu warten.
So wurde es Weihnachten. Die Russen feierten die Geburt Christi nicht wie wir in Deutschland an den üblichen Feiertagen. Aber die Stimmung in unserer Gefangenenbaracke am Abend des 24. Dezember war ganz besinnlich. Die Männer erzählten von früheren Weihnachtstagen, bevor sie in den Krieg gezogen waren. Bevor sie Gefangene der Russen wurden. Wie schön doch alles gewesen sei, als man noch mit der Familie feiern konnte.
Alles war so schön gewesen, sagte einer, bis ein gewisser größenwahnsinniger Adolf alles zerstörte. Da wurde es ganz still und keiner widersprach. Alle schwiegen. Bis plötzlich einer von ihnen aufstand und anfing zu singen: ‚Stille Nacht, heilige Nacht …'."

Das alte Jahr ging ohne weitere Vorkommnisse zu Ende. Der Januar 1948 war ein sehr kalter Monat gewesen, erzählte mein Vater.

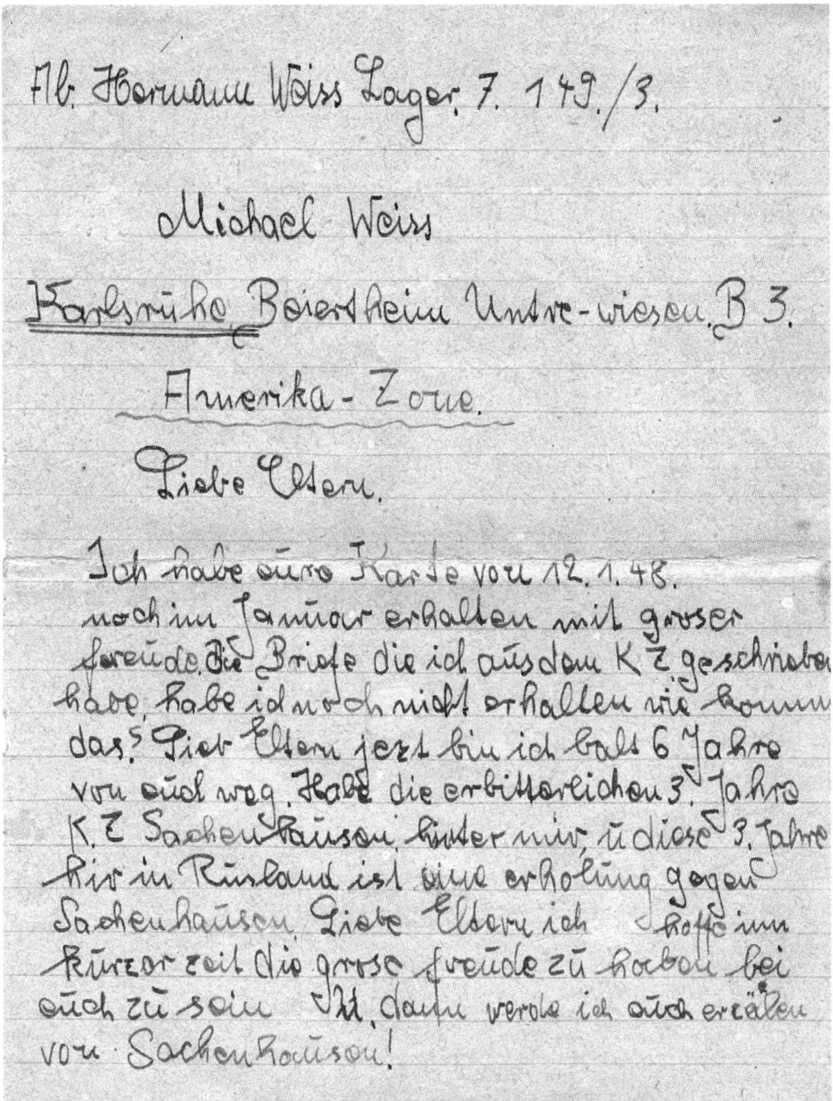

Ab. Hermann Weiss Lager. 7. 149./3.

Michael Weiss

Karlsruhe Beiertheim Untre-wiesen. B 3.

Amerika - Zone.

Liebe Eltern.

Ich habe eure Karte von 12.1.48. noch im Januar erhalten mit groser freude. Die Briefe die ich aus dem K Z geschrieben habe, habe ich noch nicht erhalten wie komm das? Lieb Eltern jezt bin ich bals 6 Jahre von euch weg. Habe die erbitterlichen 3. Jahre K.Z Sachenhausen hinter mir, u diese 3. Jahre hir in Rusland ist eine erholung gegen Sachenhausen. Liebe Eltern ich hoffe im kurzer zeit die grose freude zu haben bei euch zu sein. U. dann werde ich euch erzälen von Sachenhausen!

Brief aus dem Kriegsgefangenenlager

„Schlimm war, dass wir in diesem Winter von der Lagerleitung angehalten wurden, Brennmaterial zu sparen, denn der Holznachschub würde noch auf sich warten lassen. Die beiden vorherigen Winter waren noch kälter gewesen, doch hatten wir damals genügend Holz zum Feuern, so dass niemand Erfrierungen hatte erleiden müssen. In der Nacht wurde es jetzt aber unerträglich kalt. Auf den Pritschen hatten wir keine richtigen Unterlagen und die Zudecken waren auch nicht für diese eisig kalten Temperaturen geeignet. Deshalb hatte ich

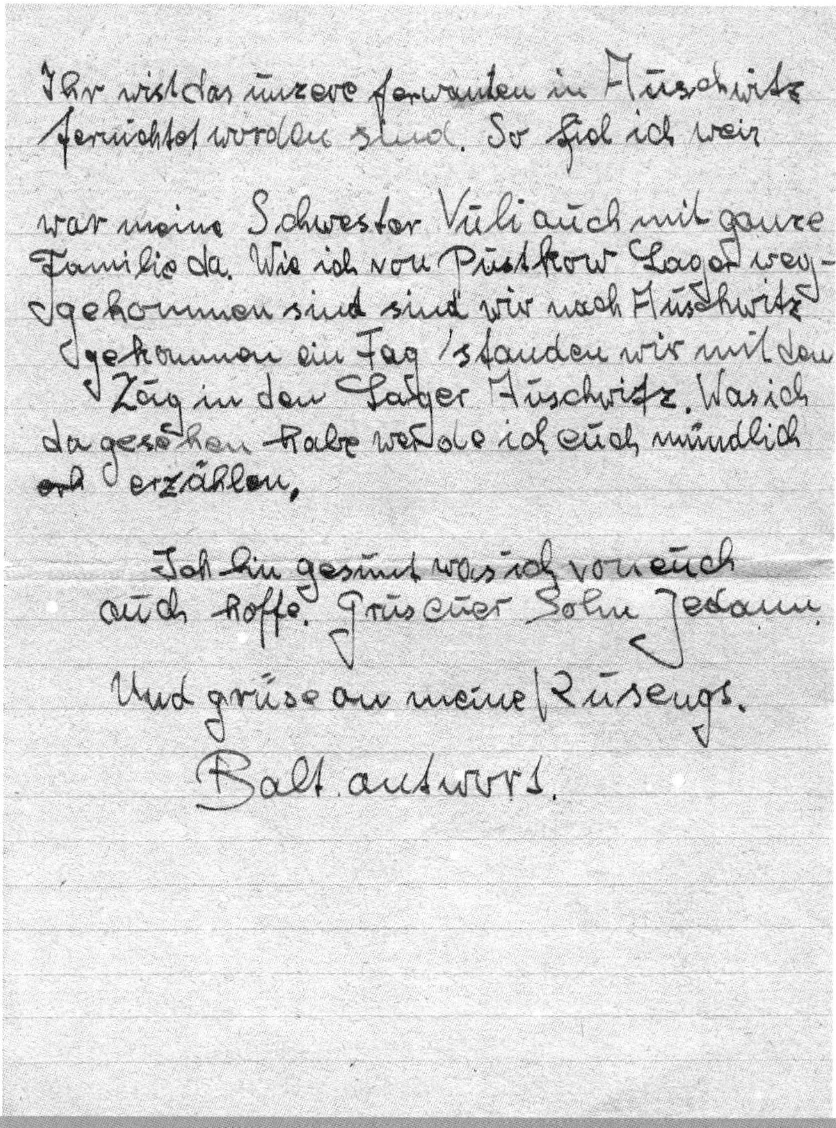

Ihr wist das unzere ferwanten in Auschwitz
fernichtet worden sind. So fiel ich weis

war meine Schwester Vuli auch mit ganze
Familie da. Wie ich von Pustkow Lager weg-
gekommen sind sind wir nach Auschwitz
gekommen ein Tag standen wir mit dem
Zug in dem Lager Auschwitz. Was ich
da gesehen habe werde ich euch mündlich
erzählen,

Ich bin gesund was ich von euch
auch hoffe. Grüs euer Sohn Jedamm.

Und grüse an meine Kusengs.

Balt antwort.

Rückseite des Briefes

mir im Spätsommer, als wir draußen auf den Feldern gearbeitet hatten, einen Stoffsack voll mit Stroh gepackt und ihn eine Zeitlang draußen zum Trocknen aufgestellt. Am Ende nahm ich das Stroh mit in unsere Baracke.

Die anderen Kriegsgefangenen lachten mich aus. Sie wussten ja nicht, dass ich das Stroh für den Winter aufhob, um mir daraus eine warme Unterlage für die Pritsche zu machen. Konstantin, mein Unterstützer, lachte ebenfalls, als ich ihn nach etwas Stoffleinen fragte, um mir

einen Bezug zu nähen und daraus eine Strohdecke für den Winter zu machen. Doch schon ein paar Tage später gab er mir einige Meter Leinenstoff. Daraus nähte ich im Herbst dann meinen Strohsack, der mich in den kalten Winternächten warm halten sollte.
Es war in der ersten Januarhälfte, als mitten in der Nacht plötzlich einer der deutschen Mitgefangenen, sein Name war Ludwig, sich neben mich auf meine Pritsche legte. Niemand der anderen Soldaten wollte den Kameraden neben sich schlafen lassen, denn er war sehr krank und abgemagert. Ich schlief allein auf der Pritsche. Alle anderen teilten sich die Schlafstätte zu zweit. Neben mir wollte sowieso keiner liegen, war ich doch immer noch der ‚Zigeuner', der ‚Untermensch', für sie.
Jetzt allerdings suchte einer von ihnen bei mir einen Platz. Ein Schwabe, er kam aus der Nähe von Stuttgart. Der ehemalige Soldat war in einem erbärmlichen Zustand. Ich stieß ihn erstmal von meiner Pritsche. Und er blieb auf dem kalten Holzboden der Lagerbaracke liegen. Nach ein, zwei Minuten sah ich zu Ludwig, dem Soldaten, rüber. Wie erbärmlich zitternd er da lag. Ich rief ihn her zu mir, aber er war so schwach, dass er sich mühte, aufzustehen. Er tat mir leid! Kurz entschlossen sprang ich aus dem Bett und half ihm auf. Ich führte ihn zu meiner Pritsche und sagte ihm, dass er heute Nacht auf der anderen Seite meines Bettes schlafen könne. Rücken an Rücken lagen wir auf dem Strohsack, der von mir schon angewärmt war, da sagte er zu mir in seinem schwäbischen Dialekt und mit zitternder Stimme: ‚Hermann, Kamerad, Du bischt ein feiner Kerle'. Am nächsten Morgen, als ich wach wurde, spürte ich eine eigenartige Kälte. Der kranke Schwabe lag noch immer so wie in der Nacht mit dem Rücken zu mir. Ich stieß ihn vorsichtig mit dem Ellenbogen an. Aber er reagierte nicht. Da sprang ich vom Lager auf, zog an seinem Arm und merkte, dass der Schwabe tot war."

„Ein feiner Kerle", meinte der Schwabe, sei er, unser Vater. Diese Geschichte vom „Schwobeländer" erzählte unser Vater einige Male, und jedes Mal bekam ich eine Gänsehaut bei der Vorstellung, dass Vater neben dem toten Mann gelegen und seine Kälte am Morgen gespürt hatte und davon wach geworden war.
Einige Tage später, in der letzten Januarwoche, wurde Vater in die NKWD-Baracke gerufen. Er musste dort einige Papiere unterschreiben, die darauf hindeuteten, dass es eine Art Entlassungsgesuch war. In den folgenden Wochen wurde Vater umquartiert. Ab sofort schlief er im vorderen Raum der Vorrats-Baracke. Der

Bereich wurde extra für ihn hergerichtet. Ein Raum mit Schrank, einem Stuhl und einem kleinen Tisch. Ein gusseiserner Ofen stand auch da. Und aufgestapelt eine Menge Feuerholz. Konstantin meinte zu Vater, dass es gut aussähe für ihn. Vater fragte nicht weiter, er war so aufgeregt, dass ihm die Stimme sowieso versagt hätte. Und dann kam auch noch Post für ihn aus Deutschland. Seine Eltern hatten ihm geschrieben, ihm mitgeteilt, dass man sehnsüchtig auf ihn warte in der Heimat.

Das Kapitel von seiner baldigen Heimkehr konnte uns Vater niemals in der Ausführlichkeit erzählen, zu sehr ging ihm dieser Teil seiner Geschichte an die Substanz. Allein unserer Mama hatte er sich anvertraut, ihr erzählte er den letzten Teil seines Martyriums in der Gefangenschaft, weitab von den Seinigen, die er doch schon bald wiedersehen sollte.

Von seiner Rückkehr erzählte unser Vater dann aber doch noch. Nämlich am 17. April 2010, an einem Samstagabend. Vielleicht lag es daran, dass er mitbekommen hatte, dass ich an diesem Tag vier jugendliche Sinti im Alter von 13 bis 16 Jahren zur Probe einer Lesung für eine bevorstehende Gedenkveranstaltung eingeladen hatte. Diese vier Jugendlichen waren Kinder aus unserer Verwandtschaft, Urenkel von Holocaust-Überlebenden, mit denen ich eine Lesung einstudierte. Eine Zitatensammlung aus einem kleinen Büchlein zum Gedenken an die Deportation der Karlsruher Sinti und Roma war die Vorlage für diese vier Schülerinnen, die daraus zum 70. Jahrestag am 16. Mai 2010 lasen. „Abfahrt Karlsruhe" war der Titel der Gedenkbroschüre, herausgegeben von Michail Krausnick, einem Schriftsteller und Publizisten. Darin standen Zeitzeugenberichte von unserem Vater und anderen Karlsruher Sinti, die am gleichen Tag nach Polen deportiert worden waren. Ich denke, dass Vater deshalb an diesem Abend bereit war, doch noch ein wenig mehr zu erzählen. Er erinnerte sich:

„Untere Wiesen B 3, Karlsruhe, Deutschland. So hieß die damalige Adresse von meiner Familie. Was für eine Freude. Ein Brief aus Karlsruhe. Michael Weiß stand als Absender auf dem Kuvert. Der Brief war von meinem Vater. Wie vertraut war mir seine Handschrift. Es war ein zweiseitiger Brief. Ich faltete ihn behutsam auseinander und fing an zu lesen. Mein Vater gab sich Mühe, nicht allzu traurig zu klingen, während er mir in wenigen Zeilen den Verlust meines Bruders mitteilte. Ich war so glücklich über den

Brief, doch sein Inhalt ließ mich begreifen, dass es eigentlich ein Trauerbrief war. Mein Bruder Peter nicht mehr am Leben, ebenso meine zwei geliebten Schwestern mit ihren Kindern. Ich fühlte mich so schwach, dass ich mich an diesem Tag in der Kommandantur krank meldete.

Ab diesem Zeitpunkt wurde ich richtig krank. Ich konnte die kommenden Tage kaum etwas essen. So kam ich ins Lazarett. Diesmal als Patient. Dr. Konstantin war besorgt um mich. Er meinte, ich hätte eine Lungenentzündung, die dringend gut behandelt werden müsste. Konstantin tat alles, um mich wieder auf die Beine zu bekommen.

НКО—СССР
Воинская часть
Полевая почта
№ 61948
СПРАВКА
Бывший военнопленный
Ваис Херман Михаель
(Фамилия, имя, отчество)
года рождения освобожден из лагеря для военнопленных и следует по месту своего постоянного жительства в г.
Карлсрухе / Баден
место для печати
Командир в/ч Советской Армии
Полевая почта № 61948

nisterium der Streitkräfte
UdSSR
Militäreinheit
eldpost-Nr. 61948
Ausweis
Ehemaliger Kriegsgefangener
Weiß Hermann
(Name, Vorname, Vatersname)
Antrag auf Gewährung einer Entschädigung nach dem KgfEG gestellt.
Stadt Karlsruhe
Ausgleichsamt
Abt. Kgf-Entsch.
12. Juni 1956
geboren am 1925 ist aus dem Kriegsgefangenenlager entlassen worden und befindet sich auf der Heimreise
6. Okt. 1948
nach Karlsruhe
Kommandeur der Einheit der Sowjetarmee
Feldpost-Nr. 61948

Heimkehrerausweis 1948

Dann bekam ich noch eine heftig schmerzende Entzündung am rechten Unterkiefer. Deshalb kam sogar eine Krankenschwester aus Charkow, die mich ins Spital zur Operation bringen sollte, denn ich war von der Lungenentzündung noch sehr geschwächt. Die Ärzte meinten, dass ich gerade noch rechtzeitig gekommen wäre.

Nach knapp zwei Wochen war ich soweit erholt, dass ich wieder ins Gefangenenlager zurück gebracht werden konnte. Fast alle Diensthabenden dort behandelten mich von nun an, als wäre ich niemals ihr Gefangener gewesen. Das Frühjahr ging vorbei, wich dem Sommer. An einem sehr warmen Juli-Tag wurde ich zum zweiten Mal in die NKWD-Baracke bestellt. Dort wurde mir mitgeteilt, dass ich sogleich entlassen werden sollte."

Derweil warteten die Eltern und die noch verbliebenen Verwandten in Karlsruhe ungeduldig und fiebernd auf ihren Sohn, Bru-

der, Onkel, Cousin und Freund. In Beiertheim wussten auch alle anderen Bewohner der Siedlung, dass Hermann, der Sohn vom „alten Weiß", aus der Gefangenschaft zurückkehren würde.
Und schließlich war es soweit. Hermann Weiß bekam seinen „Heimkehrerausweis". Ausgestellt vom Ministerium der Streitkräfte der UdSSR. Feldpost-Nummer 61948. Der Ausweis ist auf der einen Seite in deutscher Sprache und auf der anderen Seite in kyrillischer Schrift. Auf der deutschen Seite liest man, dass der Inhaber des Ausweises „Ehemaliger Kriegsgefangener" ist. Seinen Namen „Weiß Hermann" und sein Geburtsjahr 1925 musste Vater selbst darunter schreiben. Unten steht: „aus dem Kriegsgefangenenlager entlassen worden" und „befindet sich auf der Heimreise".

Vater in Freiheit 1948

Die Heimreise dauerte einige Tage. Eine letzte Station vor der endgültigen Heimfahrt war ein „Staatliches Durchgangslager und Heim" in Ulm an der Donau. Vater wurde dort vom Leitenden Arzt Dr. Sedlmayr, der zur „Betreuung der Ausgewiesenen – Heimkehrer im Kreis Ulm-Donau" zuständig war, untersucht. Dabei wurde festgestellt, dass der Untersuchte 1,70 cm groß war und 59 Kilogramm wog. Das sonst unauffällige Untersuchungsergebnis, das auf einer „Ärztlichen Karteikarte für Heimkehrer" eingetragen wurde, diente der weiteren Untersuchung und zur Vorlage beim Staatlichen Gesundheitsamt des Heimatkreises. Also bei dem Amt, das Vater „rassendiagnostisch als Zigeunermischling mit überwiegenden zigeunerischen Blutsanteil" eingestuft hatte?
Vater bekam eine „Entlassungsbeihilfe" in Höhe von 50 Mark und einen Bahnfahrschein nach Karlsruhe. Alles datiert am 2. August 1948. Hermann Weiß kam seiner Heimatstadt Karlsruhe immer näher.
Der 2. August 1948 war ein warmer Sommertag in Karlsruhe. Das war der Tag, an dem unser Vater nach Hause kam. Katharina, die Tochter von Tante Henriette, die acht Jahre alt war, war die Erste, die unseren Vater, als sie draußen beim Spielen war, sah. Sofort wusste sie, dass Onkel Hermann vor ihr stand. Denn in den letzten Wochen, so meinte sie, hätte man in der Familie von nichts anderem gesprochen als von Onkel Hermanns Heimkehr. Er trug

eine verschlissene alte Armeejacke, erinnerte sich Katharina, und war sehr mager. Er fragte Katharina, ob sie wüsste, wo seine Tante Josefine wohnte. Dass er mit seiner Nichte sprach, wusste er in diesem Moment noch nicht. Die kleine Katharina nahm einfach seine Hand und führte ihn in Richtung einer Baracke. Er ließ es wortlos geschehen. So erreichten sie die Wohnung der Tante. Katharina ging zuerst rein und rief laut:

„Er ist da".

Es muss herzzerreißend gewesen sein, was sich dann abspielte. Die Wiedersehensfreude war unbeschreiblich. In der ganzen Siedlung war die Rückkehr des Sohns vom Geigenbauer Michael Weiß das Gesprächsthema.

Unser Vater nutzte in den folgenden Wochen nach seiner Rückkehr erst einmal die Möglichkeit, sich in der Heimat und wieder in Freiheit zurechtzufinden. In dieser Zeit wurde ihm das Ausmaß des Verlustes seiner Familienangehörigen bewusst. Maria, seine Schwester, wurde mit ihrer kleinen fünfjährigen Tochter bei der Massenerschießung im polnischen Radom ermordet. Seine Schwester Mathilde wurde hochschwanger mit ihrem Mann und ihren drei- und fünfjährigen Töchtern im März 1943 nach Auschwitz deportiert. Dort bekam sie die Häftlingsnummer Z 5943 auf den linken Unterarm eintätowiert. Ihr drittes Kind brachte sie im KZ zur Welt. Es lebte nicht lang. Sie, ihr Mann und ihre Kinder wurden acht Monate später, am 23. November 1943, in der Gaskammer ermordet. Vaters Bruder, Peter Weiß, der der Maideportation von 1940 zunächst entging, weil er sich bei seiner „arischen" Verlobten versteckt hielt, wurde am 9. Juni 1942 in Karlsruhe von der Kriminalpolizei als „Zigeunermischling" festgesetzt und in das Strafgefängnis nach Mannheim verbracht. Von dort aus wurde er am 31. Juli ins Konzentrationslager Dachau überstellt und zwei Wochen später am 14. August 1942 weiter ins KZ Sachsenhausen deportiert. Und letztlich am 2. November 1942 nach Hamburg ins Konzentrationslager Neuengamme überführt. Dort erhielt er die Häftlingsnummer Z 11313. Drei Monate später wurde er am 12. Februar 1943 ermordet. Bei den ermordeten Geschwistern wurde als Todesursache laut Sterbebuch von Auschwitz und laut der Totenliste von Neuengamme wie bei fast allen Ermordeten „Versagen von Herz und Kreislauf" festgestellt.

Insgesamt sind es neun Personen aus Vaters Familie, die von den Nationalsozialisten ermordet wurden. Von Mutters Seite wurden ihr Vater sowie ihre Schwestern Klara und Anna Opfer der Nazis. Weitere Verwandte wie Cousins und Cousinen von beiden Elternseiten, die die Konzentrationslager nicht lebend verlassen haben, sind hier nicht mitgezählt.

Alle Verwandten, die überlebt hatten, kehrten in ihre Heimat, nach Deutschland zurück. Zunächst stand die allerwichtigste Frage für die Befreiten an: Wo nach überlebenden Verwandten und Freunden suchen? Es gab den Internationalen Suchdienst in Bad Arolsen. Dort wandten sich alle hin, um nach vermissten Familienangehörigen zu suchen, von denen man nicht wusste, ob sie

noch am Leben waren. Die Suche der Dienste beanspruchte viel Zeit. Kam dann endlich Antwort, war diese meist erschütternd.
Mein Vater war jetzt 23 Jahre alt. Außer seiner Familie war niemand da, der sich seiner angenommen hätte, das zu verarbeiten, was ihn acht Jahre seiner Jugend gekostet hatte. Auch den anderen Überlebenden der Konzentrationslager kam niemand zur Hilfe. Ihre Gemütsverfassung nach all dem Leid interessierte kein Amt. Keine Institution sah sich für die Überlebenden zuständig.
Meine Verwandten standen allesamt vor dem Nichts. Und nichts sollten sie auch zurückbekommen. Die Wertsachen, wie zum Beispiel Musikinstrumente, die vielen Geigen, Bratschen oder auch Celli, das Werkstattinventar oder auch der Schmuck, der vor der Deportation von den zuständigen Ämtern konfisziert und zu „Reichseigenem Eigentum" des NS-Staates erklärt worden war, wurden einfach weiter einbehalten. Mein Vater traute den Ämtern in dieser Zeit sowieso nicht mehr. Daher unterließ er es auch, eine Entschädigung einzufordern. Er wollte nur seine Ruhe haben, so erzählte er mir. Er war auch zu stolz, eine finanzielle Hilfe bei der Kommune zu beantragen. Da säßen doch immer noch die gleichen Herren, die ihn und seine Familie als „Zigeuner" drangsaliert und fortgetrieben hatten. Also arbeitete er fortan mit seinem Vater in der von ihm aufgebauten, winzig kleinen Geigenbauwerkstatt mit.
Lange verwehrte die Handwerkskammer nach dem Krieg unserem Großvater wieder den Zugang in die Zunft. Vor der Deportation war er aus der „Reichshandwerkskammer" in Karlsruhe ausgeschlossen worden. Bei der Beantragung der Wiederaufnahme meinten die in den 1950er Jahren immer noch zuständigen Beamten, dass der Ausschluss durch die Nazis weiterhin Geltung habe. Erst Jahre später erhielt Großvater sein Recht und der Ausschluss wurde revidiert, als Unrecht anerkannt.

Nach seiner Heimkehr war unser Vater von früh morgens bis spät am Abend immer in der Werkstatt anzutreffen. Er arbeitete am Instrumentenbau und erweiterte sein Wissen mit Unterstützung seines Vaters, um das tradierte Handwerk zu vervollkommnen. Drei Jahre später, 1951, heiratete unser Vater seine Johanna, das Mädchen, das in der Zeit seiner Gefangenschaft oft still bei seiner Mutter gesessen hatte, die ihr sehnsuchtsvoll von ihrem vermissten Sohn Hermann erzählt hatte. Mit ihr lebte er fortan in der Baracke Nummer 3 des Neubruchwegs. Mehr als bescheiden lebten unsere Eltern jetzt mit Großvater in den zweieinhalb Barackenstuben.

Unser Vater lehnte es vehement ab, staatliche oder kommunale Hilfe, wie zum Beispiel „Fürsorge“, so hieß es zu dem Zeitpunkt noch, in Anspruch zu nehmen. In den ersten Jahren, den Fünfzigern des Jahrhunderts, liefen die Geschäfte mit den Instrumenten eher karg. Wertvolle alte Hölzer fand er zumeist auf dem nahen Karlsruher Schuttberg. Unser Vater war ein genialer Recycler und schuf aus den weggeworfenen Möbelhölzern und Sperrmüllresten Spielzeug und wohlklingende Musikinstrumente. Von der Stadt hatte er eine Sondergenehmigung, den Berg zu besteigen. Manchmal durfte ich ihn begleiten und dabei genoss ich den weiten Rundblick über die Rheinauen, die Raffinerien, den Hafen und die Industriegebiete. Vater baute in dieser Zeit, neben den Reparaturen, die er für die Kundschaft vom Purodada machte, seine fünf schönsten Geigen. Und zwar für jedes Kind, das unsere Mama ihm schenkte, eine. Es wurden wahre Meisterinstrumente. Die erste Geige baute er, als Veronika, unsere älteste Schwester, 1952 im März geboren wurde. Und die zweite schon ein Jahr darauf, als Roswitha im August

Vater und ich beim Spaziergang

1953 zur Welt kam. Aber erst drei Jahre später wurde die dritte Geige fertig, als ich, genau an seinem Geburtstag, dem 17. März 1956, auf die Welt kam. Die Enttäuschung war schon recht groß, als es hieß, es ist wieder ein Mädchen. Zwei Jahre später wurde Claudia geboren. Und letztlich kam 1961 Christiane, unser Nesthäkchen. Auch sie bekam ihre selbstgebaute Geige von Vater. Wir waren nun eine kinderreiche Familie.
1971 zog unsere Schwester Veronika mit ihrem Verlobten nach Freiburg. Bald bekam das junge Paar Nachwuchs. Ein Mädchen, mit Namen Tatjana. Und bald blieb Tatjana immer öfter bei uns in Karlsruhe, wenn ihre Eltern geschäftlich verreist waren. Bis eines Tages vereinbart wurde, dass es für das Kind am besten wäre, wenn es ganz bei uns bliebe. Somit hatten wir im neuen Haus zusätzlich noch ein kleines, ein sechstes „Schwesterchen". Tatjana wurde von unseren Eltern aufgezogen. Für sie waren Hermann und Johanna ihr Vater und ihre Mama. Wenn wir heute zusammen kommen, erzählen wir uns gegenseitig Geschichten von den Eltern und anderen Verwandten und immer noch kommt etwas Neues zu Tage. So erzählte mir Tatjana unlängst folgende Geschichte:

„Wisst ihr eigentlich, dass unser Vater an dem Tag, als er aus der Gefangenschaft zurückkam, vom Hauptbahnhof in Karlsruhe von einem Kutscher mit Pferd nach Beiertheim gebracht wurde?
Der Kutscher stand dort mit seinem Pferdetaxi. Für ein paar Groschen, meinte er, würde er Vater zu seinem Zielort bringen. Vater willigte ein. Auf der Strecke unterhielten sich die beiden, der Kutscher war neugierig und fragte Vater, warum er denn eine Armeejacke trage. So erzählte Vater seine Geschichte zum ersten Mal in der Freiheit. Der Mann hörte Vater gespannt zu und verlangsamte seine Fahrt so sehr, dass sie nur noch Schrittgeschwindigkeit fuhren. Als sie dann an den Baracken ankamen, bemerkte mein Vater, dass der Mann weinte. Als Vater ihm den vereinbarten Preis für die Fahrt geben wollte, schüttelte der Mann den Kopf und meinte, dass er sein Geld behalten solle, er sei Jude und von einem Bruder nehme er kein Geld."

Mutter starb 1992 an Krebs. Das war für uns alle ein sehr großer Verlust. Wir, meine Schwestern und ich, und sicher auch unser Vater dachten damals, dass unsere Großfamiliengemeinschaft jetzt auseinanderbrechen würde. Doch unsere Schwester Roswitha, die mit ihren beiden Söhnen wieder im elterlichen Heim lebte, sorgte von nun an für unseren Vater. Auch meine Schwestern Claudia und Christiane, die beide jeweils eine Tochter hatten, waren alleinerziehend und lebten kaum einen Kilometer von Vaters Haushalt entfernt. Sie und auch die älteste Schwester Veronika bemühten sich, unserem Vater das Leben trotz des Verlustes seiner geliebten Frau einigermaßen schön zu gestalten.
Ich arbeitete zu diesem Zeitpunkt bereits beim Dokumentations- und Kulturzentrum Deutscher Sinti und Roma in Heidelberg. Durch meine Arbeit stark eingebunden, kam ich immer erst abends oder am Wochenende ins „Häusle". Bei meiner Arbeit ging es darum, dass die wenigen Überlebenden des Völkermords, manche von ihnen hochbetagt oder krank, doch noch entschädigt werden sollten. Für die meisten Überlebenden war es natürlich zu spät und höchstens noch eine moralische „Wiedergutmachung". Vater meinte dazu:

„Was können denn die da oben in den Ämtern denn jetzt noch wieder gut machen? Unsere Jugend, die uns die Nazis geraubt haben, die Verwandten, die in den Lagern ermordet wurden? Die Kinder, die niemals eine Chance bekommen hatten, erwachsen zu werden, weil man sie in den Gaskammern getötet hat?"

Einmal kam ich direkt von der Arbeit nach Karlsruhe zurück. Wie so oft fuhr ich direkt zu meinem Vater nach Knielingen. Als ich am Küchentisch saß, fing Roswitha an zu erzählen, was sich in der Nacht ereignet hatte. Vater war gerade beim Abendbrot und noch fiel mir weiter nichts an ihm auf. Vater hatte in dieser Nacht im Traum, wie so oft, laut geschrien. Plötzlich hatte es einen lauten Knall gegeben. Bis Roswitha aus ihrem Bett gesprungen war und die Tür von Vaters Schlafzimmer aufgerissen hatte, hatte dieser bereits schon am Rand seines Bettes, vornüber gebeugt auf seine Füße schauend, gesessen.
Und jetzt hatte Vater angefangen, zu erzählen:

„Es war wieder einer meiner Träume. Der SS-Mann wollte zuschlagen, da hab ich allen Mut zusammen genommen und mich gewehrt. Ich fing an, mit den Fäusten auf ihn einzuschlagen, er schaute mich an und lachte mich höhnisch aus. Da hob ich das Bein und trat so stark ich konnte gegen sein Schienbein. Und davon wurde ich wach."

In diesem Moment zog Vater sein linkes Bein unter dem Küchentisch hervor und zeigte mir das Malheur. Um seinen Fuß war ein Verband gewickelt. Was war passiert?
Es muss wohl sehr schmerzhaft gewesen sein, als er gegen den Schlafzimmerschrank getreten hatte. Das Ergebnis war ein blutunterlaufener großer Zeh.

„Es tat so fürchterlich weh, dass ich runter ging in die Werkstatt, um Abhilfe zu schaffen."

Unser Vater hatte eine alte Stabbohrmaschine aus der Werkstatt genommen, einen der kleinsten Bohrer in die Fassung gesteckt und damit ein kleines Löchlein in seinen blaugestauten, schmerzenden großen Fußzehennagel gebohrt. Das Blut konnte nun abfließen und der Druck habe sofort nachgelassen, meinte Vater noch.
Auch Christiane, meine jüngste Schwester, erzählte von nächtlichen Albträumen unseres Vaters. Christiane schlief bei unseren Eltern, bis sie ungefähr zehn Jahre alt war. Oft hörte sie Vater in der Nacht schreien, während er träumte. Und oft schlug er dabei um sich, sodass unsere Mama beschloss, am besten hinten an der Wandseite des Bettes zu schlafen, damit sie nicht versehentlich die Schläge abbekam, die Vater im Traum verteilte.
Viele Male habe sie, Christiane, in solch einer Nacht wach gelegen und sich nicht getraut zu fragen, was mit Vater los sei. Unsere Mama hatte stets große Angst vor der Dunkelheit. Niemals war es ihr möglich, ohne Licht zu schlafen. Daher brannte in der Nacht im elterlichen Schlafzimmer immer ein kleines Lämpchen. Und auch das hatte mit ihrer Lagerzeit zu tun.

Als fünfjähriges Mädchen kam unsere Mama mit ihrer Familie auf Transport nach Polen. In der Markgrafenstraße wurde sie und ihre Familie, wie viele andere Karlsruher Sinti-Familien, auf Befehl des „Zigeunerkommissars“ Max Regelin, der seinen Dienstsitz im Polizeipräsidium hatte, 1939 festgesetzt. Die Altstadtwohnungen wurden von Regelin als eine Art Ghetto eingerichtet, damit er „seine Zigeuner“ unweit von seiner Dienststelle entfernt besser kontrollieren konnte.

Die Erinnerung an den Abtransport war unserer Mama nur schemenhaft im Gedächtnis geblieben. Andere Dinge, wie den großen Hunger, den sie im polnischen Ghetto hatte, waren umso stärker präsent. Einmal aber war ihr etwas Schreckliches passiert.

Als es eines Nachts im polnischen Ghetto Bombenalarm gab, musste sie mit ihren Eltern und Geschwistern schnell zum Bunker laufen. Aber auf dem Weg dorthin gab es viel Gedränge, viele Menschen liefen durcheinander in verschiedene Richtungen. Unsere Mama ging in diesem Tumult verloren. Sie irrte umher, fand ihre Eltern, Schwestern und Brüder nicht mehr auf der Straße. Niemand nahm sich ihrer an. Alle wollten sich nur in Sicherheit bringen. Johanna aber, so hieß unsere Mama, blieb zurück, während sich alle Flüchtenden zu den Bunkern begaben, um dort Schutz zu suchen. Allein draußen stehend, hörte sie nach einer Weile sehr laute Geräusche, die vom Himmel kamen. Es waren die „Bombermaschinen“.

Johanna, das damals achtjährige Mädchen, versteckte und verschanzte sich instinktiv in einer Kuhle am Straßenrand, während unweit von ihrem Schutzplatz die Bomben und Granaten ohrenbetäubend laut einschlugen. Bis zum frühen Morgen blieb sie in diesem Straßengraben, der eigentlich ein Bombenloch war, zusammengekauert liegen, bis eine Frau sie fand und zu ihren Eltern zurück ins Ghetto brachte.

Einige Monate vor der Kapitulation Deutschlands konnten Mama und der Rest ihrer Familie aus dem Ghetto flüchten. Die Nazi-Bewacher des Ghettos verschwanden, und ließen ihre Häftlinge zurück. Im Ghetto machten sich die bis dahin inhaftierten Häftlinge familienweise auf den Weg nach Hause. Man solle nicht in großen Gruppen flüchten, dies würde zu sehr auffallen, rieten einige Männer. Sofort machte sich Großmutter Theresia mit ihren

Kindern und Enkeln auf den Weg zurück in die Heimat. Zunächst waren sie zu Fuß unterwegs. Dabei lief die Familie meistens in der Nacht, denn es waren auch viele deutsche Soldaten unterwegs. Daher war es für Mamas Familie sicherer, sich am Tag zu verstecken.
Mama erzählte mir:

„Ich erinnere mich noch gut an einen Abend während unserer Flucht. Unsere Mutter klopfte an die Tür eines am Rande der Ortschaft stehenden Bauernhauses. Eine polnische Frau öffnete die Tür und Mutter fragte sie in polnischer Sprache nach etwas Essbarem für sich und ihre Kinder. Mutter erklärte ihr wohl auch, dass unser Vater tot war und wir jetzt auf der Flucht in Richtung Deutschland waren. Die Frau hörte geduldig zu. Ohne etwas zu sagen, ging sie ins Haus und kam wenige Augenblicke zurück mit einem großen Laib Brot. Mutter konnte es kaum fassen, als die Frau ihr das ganze Brot wortlos in die Hand drückte. An diesem Abend fanden wir Schutz in einer Kirche, die vom Bombenhagel teilweise schon etwas abbekommen hatte. Nur Kerzen, die vorne am Altar angezündet waren, gaben dem dunklen Kirchenraum etwas Licht. Meine Geschwister, Mutter und ich saßen in der vorderen dritten Reihe der Kirchenbank. Da nahm Mutter das Brot, das sie von der Bauersfrau geschenkt bekommen hatte, aus ihrem Stoffsack und sagte zu uns: ‚Jetzt esst, bis es nicht mehr geht, denn wir wissen nicht, wann wir wieder was bekommen'. Die Flucht dauerte noch einige Wochen. Und der Hunger war groß.
Die Angst in den dunklen Nächten, als wir uns immer wieder im Straßengraben verstecken mussten, wenn ein Geräusch zu hören war oder Fahrzeuglichter von weitem zu sehen waren, vergesse ich nie."

Dann, endlich angekommen in der Heimat, fehlten jedoch drei Personen. Zwei Schwestern, Klara und Anna, gelten bis heute als vermisst. Alle Nachforschungen endeten nach Jahren erfolglos. Das Deutsche Rote Kreuz sowie der internationale Suchdienst in Arolsen konnten keine Hinweise nach dem Verbleib der zwei Vermissten finden.
Ihr Vater, Josef Reinhardt, war im Lager an Typhus verstorben. Unsere Mama war ungefähr neun Jahre alt, als sie mit ansehen musste, wie ihr Vater elend zugrunde ging. Sie hing sehr an ihm, er kümmerte sich immer sehr liebevoll um sie. Johanna wollte nicht mehr leben. Sie war so traurig, dass sie die Packung Schwe-

felhölzer ihres Vaters nach dessen Tod heimlich an sich nahm, um ihrem Leben ein Ende zu setzen. Sie leckte die Schwefel-Köpfe nach und nach alle ab, im Glauben, auch bald tot zu sein. Aber außer Bauchschmerzen, die sie dadurch bekam, passierte nichts weiter.
An das erste Weihnachtsfest in Freiheit erinnerte sich unsere Mama, die 1945 am 10. Dezember zehn Jahre alt wurde, genau: „Einen Apfel und ein Zuckerbrot bekamen wir Kinder damals zu Weihnachten. Mein Bruder Karl war zwölf Jahre alt und Franz, der Jüngste, war knapp acht. Wir freuten uns so sehr über unsere Weihnachtsgeschenke, dass wir sie am liebsten gar nicht aufessen mochten."
Dass ein Apfel etwas Besonderes ist, zeigte mir unser Großvater (Purodada) immer dann, wenn wir einen schälen wollten.
„Nein Anita", meinte er, „so kannst Du doch einen Apfel nicht schälen. Die Schale ist viel zu dick geschnitten. Schau einmal her, so geht das mit dem Schälen."
Purodada nahm eines der Küchenmesser aus dem Schrank, holte aus seinem Zimmer einen ovalen, länglichen, kleinen Schleifstein und befeuchtete es mit ein wenig Wasser. Dann nahm er das Messer und schliff es erst auf der einen Seite der Klinge und dann auf der anderen Seite. Eigentlich wäre mein Apfel längst aufgegessen gewesen, wäre er nicht gerade wieder just in diesem Moment aufgetaucht, als ich mir einen Apfel aus der Schale holte. Ich ließ die Prozedur, die ich längst kannte, über mich ergehen, schließlich waren wir Enkelinnen immer sehr respektvoll zu unserem Purodada. Also ließ ich ihn wortlos gewähren und lernte tatsächlich, wie man einen Apfel so dünn schälte, bis die Schale fast einen Meter lang wurde.

In der Mitte der siebziger Jahre wollte bzw. sollte ich meinen Führerschein machen. Niemand sonst von unserer elterlichen Familie hatte eine Fahrerlaubnis. Somit auch kein Auto. Die Strecke wurde immer zu Fuß oder mit den öffentlichen Verkehrsmitteln zurückgelegt. Vater fuhr immer mit dem Moped oder Fahrrad. Doch nun sollte sich das ändern. Bislang hatte ich keine geregelte Arbeit. An eine Ausbildung war ohne Schulabschluss erst gar nicht zu denken. So ging ich putzen, um mir etwas zu verdienen. Der Führerschein kostete ja nicht gerade wenig. Meine Schwester Claudia und Cousine Sybilla machten auch mit. Ein Reinigungsunternehmen holte uns täglich mit einem Neuner-Bus ab. Unsere Putzkolonne bestand nur aus Frauen. So verdiente ich mir bald das Geld für den Führerschein.
Nach meiner Führerscheinprüfung war ich die Chauffeurin der ganzen Familie. Vater kaufte einen weißen VW-Käfer aus dem Baujahr 1963 und ich war glücklich mit diesem flotten Gefährt. Ab sofort fuhr ich unsere Mutter, wenn sie arbeitete. Noch immer handelte sie mit Waren für den Haushalt. Tisch- und Tafeldecken sowie Tischläufer, Bettwäsche, Unterwäsche, Schlafanzüge und Nachthemden waren jetzt auch in ihrem Sortiment. Mama war ein sehr sympathischer Mensch. Sie konnte gut mit den Leuten umgehen. Sie hatte immer ein Ohr für das ein oder andere Problem der Menschen, mit denen sie sprach, deshalb erzählten ihr die Leute, auch wenn sie sich gerade eben erst kennen gelernt hatten, von ihren Sorgen und Nöten.
Knielingen und das „Häusle“ waren nun unsere liebgewonnene Heimat geworden. Woanders wohnen zu wollen, wäre für uns nicht mehr in Frage gekommen. Damals hatte ich dann auch meinen ersten Freund, einen jungen Sinto. Da es bei uns so üblich war, durften wir unsere Freundschaft nicht offiziell leben. Also war es sozusagen heimlich. Aber dennoch wussten die meisten in unserer Verwandtschaft Bescheid. Und sogar unsere Eltern ahnten etwas. Aber sie waren damit im Stillen einverstanden, zumal mein heimlicher Freund ein Student der klassischen Musik war. Er spielte Geige und kam aus einer angesehenen Familie. Dass irgendwann die Heirat zwischen uns stattfinden sollte, war für alle Beteiligten eine klare Sache. Aber es sollte dann doch alles ganz anders werden.

Als ich durch das Auto mobiler wurde und auch mal aus unserem Mikrokosmos raus kam, wurde mir allmählich bewusst, dass es noch ein ganz anderes Draußen gab, das ich überhaupt nicht kannte. Immer noch war unser Vater sehr streng, auch als wir Schwestern schon junge Erwachsene waren. So durften wir allein nirgends hingehen. Allenfalls wenn wir mindestens zu dritt waren, durften wir mal ins Kino gehen. Ab und zu kam es vor, dass wir mit Verwandten ausgehen durften. Oder dass uns Cousins und Cousinen, die schon verheiratet waren, mit vorheriger Genehmigung von unserem Vater zum Tanzen mitnahmen. Das konnte dann ein Tanzlokal mit einer Musikkapelle sein oder eine Disco. Wobei die Disco für uns schon weitaus spannender war, weil es dort mehr junge Menschen gab. Da ich als Autofahrerin mobil war, kam ich nun auch häufiger in die Stadt oder konnte tagsüber auch mal eine Freundin oder Verwandte besuchen, was vorher nur mit den Eltern oder mit Onkel oder Tanten möglich war. Irgendwann lernte ich meinen späteren Mann kennen. Als meine Schwestern und ich einmal bei einer Stadtfeier eine Parade anschauten, wurden wir von ein paar netten nigerianischen Studenten zu einer Party in einem Karlsruher Studentenwohnheim eingeladen. Durch den neuen Bekanntenkreis sollte sich mein zukünftiges Leben grundlegend ändern.

Ende der 1970er Jahre verließ ich meine Familie. Ich brannte mit einem nigerianischen Studenten sozusagen durch. Und erlebte nun einen doppelt schmerzlichen Rassismus. Meine Familie war mit meinem „schwarzen" Verlobten überhaupt nicht einverstanden.

Der Schritt aus unserer Knielinger Idylle ins studentische Karlsruhe war zwar nicht geplant, aber auch nicht mehr rückgängig zu machen. Ich tauchte damals ein in eine mir bis dahin unbekannte Gesellschaft der Studenten, der afrikanischen Musik, der kulturellen Vielfalt und der Freiheit.

Mein nigerianischer Freund und ich besaßen nicht viel. Für eine Weile lebte ich mit ihm in einem winzig kleinen Zimmer im Studentenwohnheim und nach einigen Monaten sollte unser gemeinsames Kind zur Welt kommen. Meine Eltern wollten diese Umstände nicht akzeptieren. Das schmerzte sehr.

Für mich brach ein neues Leben an, das mit dem alten nun nichts mehr zu tun hatte. Meine elterliche Familie und die meisten Verwandten sah ich für Jahre nicht mehr, wir hatten keinen Kontakt mehr.

Wie eine Ausgestoßene fühlte ich mich. Und doch war ich mit meinem Verlobten glücklich und freute mich auf mein Kind.
Wir lebten damals sehr armselig von Studentenjobs und den Auftritten als Musiker, die mein Freund damals machte. Eines Tages mussten wir aus der Studentenbude raus. Wir suchten fieberhaft nach einer Wohnung. Dabei stellten wir fest, dass unsere Chancen gering waren, wenn wir beide zur Besichtigung gingen. Am Telefon klangen die Vermieter noch nett, aber wenn sie uns dann sahen, wurde uns mitgeteilt, dass die Wohnung schon vergeben sei. Wir beschlossen, dass ich künftig allein zu den Besichtigungen gehen sollte, um unsere Chancen zu erhöhen. Ich versteckte meine dunklen Haare unter einer Mütze und sah dann wie eine „normale" deutsche Frau aus. Und tatsächlich waren wir so mit der Wohnungssuche erfolgreicher. Wir zogen in unsere erste gemeinsame Wohnung. Doch blieben wir dort nicht lange, denn der Vermieter, der im selben Haus sein Geschäft hatte, fand es geschäftsschädigend, wenn Schwarze Menschen in seinem Haus ein- und ausgingen. Seine Kundschaft würde sich bei dem Anblick der „fremden Menschen" unwohl fühlen. Also ging die Suche nach einer neuen Wohnung von vorne los. Viel Zeit blieb uns nicht, bald sollte unser Kind zur Welt kommen. So nahmen wir, was uns angeboten wurde. Eine Einzimmerwohnung mit Kochnische und Dusche im Souterrain eines 2-Familienhauses im Westen von Karlsruhe. Inzwischen erfuhr ich von meinem Verlobten, dass er exmatrikuliert war. Er hatte sein Studium geschmissen, um beruflich seine Musik zu machen und auch um zu arbeiten und Geld zu verdienen.
An einem kalten Wintermorgen, es war gegen sechs Uhr, wir schliefen noch, klopfte es sehr laut an unserer Wohnungstür. Wir erschraken, als das Klopfen in ein wütiges Poltern und Schlagen gegen die Tür ausartete. Mein Verlobter stand auf und öffnete. Sofort wurde er von Polizisten überwältigt, die ihn zu Boden warfen, ihm die Arme nach hinten auf den Rücken drehten und Handschellen anlegten. Ich war hochschwanger, noch halb im Schlaf und so aufgeregt, dass ich mich nicht mehr rühren konnte. Die Beamten waren sehr ungehalten, als ich schließlich doch aus dem Bett stieg und sie aufgeregt nach dem Grund dieser Verhaftung fragte. Sie waren zu viert. Drei der Polizisten gingen mit meinem Verlobten sofort raus, während der vierte Polizist mir erklärte, dass die Aufenthaltsgenehmigung meines Verlobten abgelaufen wäre und er kein Recht mehr habe, in Deutschland zu bleiben.

In den nächsten Tagen erfuhr ich, dass mein zukünftiger Mann in Karlsruhe in Arrest verbracht worden war und in ungefähr zwei Wochen abgeschoben werden sollte. Unser Hochzeitstermin, der in 10 Tagen sein sollte, stand seit Wochen fest. Zunächst war ich innerlich wie gelähmt und brauchte einige Stunden, um einen klaren Gedanken fassen zu können. Doch dann nahm ich mich zusammen und überlegte, was ich tun sollte. Ich erfuhr, dass ich mit dem Ausländeramt Kontakt aufnehmen müsste. Und das tat ich dann auch. Der zuständige Beamte behandelte mich mehr als unfreundlich. Ich zeigte ihm unsere Papiere für die bevorstehende Heirat, die er genauestens prüfte. Ob ich denn wüsste, worauf ich mich da einließe, ich sei doch eine hübsche junge deutsche Frau, warum ich denn ausgerechnet einen Ausländer heiraten wolle. Und überhaupt sei die bevorstehende Heirat am Ende doch womöglich nur eine Scheinheirat. Auch könne die Ausländerpolizei ab jetzt zu jeder Tageszeit bei uns vorbeischauen, um zu prüfen, ob wir auch wirklich ein Paar seien. Unwillkürlich musste ich an die Deportation meiner Eltern und den „Zigeunerkommissar" Max Regelin denken. Doch der war ja nicht mehr im Präsidium. Ich hörte mir also zunächst alles in Ruhe an, dann aber fragte ich sehr bestimmt und zornig, ob er denn überhaupt wisse, in welcher Zeit wir lebten, die Zeit des Nationalsozialismus wäre doch wohl längst vorbei. Erstaunt schaute er mich über seinen Brillenrand an, als habe er solch eine Reaktion keinesfalls erwartet.
Die Antwort blieb er mir schuldig. Er schaute sich noch einmal meine Papiere an und meinte dann, dass ich bald Bescheid erhalten würde. Darauf besuchte ich meinen Verlobten im Polizei-Arrest. Nach sechs Tagen wurde er wieder frei gelassen.
Endlich kam der Tag, an dem wir heirateten. Es war Mitte Dezember 1977. Wir hatten nicht einmal das Geld, um mit der Straßenbahn zum Standesamt zu fahren. An zwei alten entwerteten Fahrkarten radierte mein zukünftiger Mann einige Stunden herum, um den alten Stempel zu entfernen. Dann fuhren wir mit den gefälschten Scheinen zum Standesamt.
So wurden wir, die Karlsruher Sintezza und der afrikanische Student, Mann und Frau. Der Trauzeuge meines Mannes, ein nigerianischer Student, der ebenfalls mit einer deutschen Frau verheiratet war, lud uns anschließend in die Mensa ein, die nur einige Schritte vom Standesamt entfernt lag. Zwei spendierte Becher Kaffee und zwei Croissants waren unser Hochzeitsessen.

Meine Schwestern und ich erlebten die Geschichten um die Verfolgung unserer Eltern durch deren Erzählungen gleichermaßen mit. Doch für mich wurde die Beschäftigung mit der Vergangenheit immer mehr zu einem Beruf, zu einem Beruf, zu dem ich mich aufgrund unserer Familiengeschichte berufen fühlte.
Zunächst kam ich Mitte der achtziger Jahre zu einer Laientheatergruppe, die dringend noch eine Mitspielerin für eine unbesetzte Frauenrolle suchte. Das Theaterstück, ein politisches Stück, handelte von einer Sinti-Familie, die im Nationalsozialismus verfolgt wurde und auch in der Nachkriegszeit ihre Probleme mit den Deutschen hatte. Die Darsteller und Darstellerinnen waren alle deutsche Sinti. Damit das Stück gespielt werden konnte, ließ ich mich von einem Mitwirkenden überreden, mitzumachen. Auch meine neunjährige Tochter Tayo, die damals noch in der Grundschule war, spielte voller Begeisterung mit.
Zu dieser Zeit überlegten meine Freundin Manuela, die als gelernte Gärtnerin bei der Stadt arbeitete, und ich noch, ob wir einen Blumenladen aufmachen sollten. Denn damals hatte ich immer noch keine Berufsausbildung.
In den drei Monaten Probenzeit am Karlsruher Sandkorn-Theater entdeckte ich mein Interesse an politischer Arbeit. Das Stück von Michail Krausnick „Lustig ist das Zigeunerleben?" spielten wir 1987 drei Monate mit großem Erfolg. Und diskutierten hinterher mit den Zuschauern. Zum ersten Mal standen Sinti aus Landau und Karlsruhe auf einer Theaterbühne und spielten die Leidensgeschichte ihres Volkes sehr authentisch. Mit Olanda Guttenberger war sogar eine Überlebende des Holocaust mit dabei. Und so bekamen wir 1988 auch eine Einladung zum Theaterfestival nach Herne in Nordrhein-Westfalen. Dort spielten sonst nur Profi-Theaterensembles. Umso erstaunter waren wir, als wir von der Theater-Jury einen Sonderpreis erhielten.
Eine besondere Freude war jedoch, dass wir zur letzten Vorstellung unseren Vater mit seiner Geige dabei hatten. Er untermalte musikalisch unser politisches Theaterstück auf der Bühne.
Seither engagierte ich mich im „Verband der Sinti und Roma Karlsruhe e.V." ehrenamtlich und wurde so Vorstandsmitglied in einer politischen Interessenvertretung, die sich für die Bürgerrechte der deutschen Sinti und Roma einsetzte und diese in ihren sozialen und politischen

Theaterprogramm

Belangen vertrat. Zunächst kümmerte ich mich um die Hausaufgabenbetreuung von Sinti- und Roma-Kindern. Doch bald arbeitete ich auch im Bereich, der für die soziale und politische Situation der Minderheit zuständig war. Ich übernahm den Vorsitz des Verbands. Im Januar 1990 wurde ich vom Zentralrat Deutscher Sinti und Roma eingeladen, an einer Bildungsmaßnahme teilzunehmen,

Gedenkbroschüre

die vom Bundesbildungsministerium finanziert wurde. Das Ausbildungsprojekt nannte sich „Sinti bearbeiten ihre Geschichte“. In einer zweijährigen Maßnahme wurde ich zur Geschichtsreferentin ausgebildet. Zum ersten Mal näherte ich mich der Geschichte des Nationalsozialismus, des Völkermords an unserer Minderheit mit historischer Gründlichkeit. Die Archivbesuche, die wissenschaft-

liche Recherche und die Zeitzeugeninterviews waren für mich interessante Grundlagen meiner Ausbildung. Doch am meisten beeindruckte und schockierte mich die Sichtung der NS-Quellen über die lückenlose Erfassung unserer Menschen durch die eigens dafür eingerichtete „Rassenhygienische Forschungsstelle“ in Berlin. Die Sichtung des Bestands R 165 im Koblenzer Bundesarchiv, alle diese Dokumente, tausende Fotos, Messkarteien, Genealogien, auch von meiner Familie, zeigten mir zum ersten Mal auf, mit welcher Kaltblütigkeit und bürokratischen Akribie das Verbrechen an unseren Vorfahren begangen wurde. Stundenlang waren meine Kolleginnen und ich mit diesen Dokumenten im Archiv beschäftigt. Auf dem Nachhauseweg bekam ich, noch im Zug sitzend, einen Kreislaufkollaps. Die Polizeifotos der ermordeten Kinder, die Karteikarten aus Karlsruhe – das waren ja alles meine Verwandten! Unsere Betreuerin begleitete mich ins Krankenhaus.

Die weitere Ausbildungszeit verlief sehr spannend. Unsere Ausbilder waren engagierte Historiker. Dank unserer Betreuerin Ulrike Bouquet, einer Diplompädagogin, wurde unser Geschichtsprojekt zu einer praxisorientierten Ausbildung mit verständnisvollen Partnern. So wurden wir allmählich befähigt, auch selbst Vorträge über die Verfolgungsgeschichte unserer Minderheit zu halten.

Als Vorsitzende des Karlsruher Sinti- und Roma-Verbands organisierte ich mit einem Kollegen im Mai 1990 die offizielle Gedenkfeier zum 50. Jahrestag der Deportation und hielt die Eröffnungsrede. Zu diesem Jahrestag hatte die Stadt Karlsruhe die Finanzierung einer historischen Dokumentation übernommen. Nach etlichen Vorträgen an Schulen, im Radio, auf dem Kirchentag in Essen, in Bibliotheken und anderen Bildungseinrichtungen wurde unserer Gruppe Ende 1991 der Friedenspreis der Friedenstage Kirchheimbolanden verliehen.

Das Projekt eines gemeinsamen Blumenladens mit meiner Freundin Manuela rückte in immer weitere Ferne.

Zum Abschluss meiner Ausbildung hatte ich die Gelegenheit, gemeinsam mit dem Ausbilder an der Entwicklung einer regionalgeschichtlichen Ausstellung über die Verfolgung der pfälzischen Sinti und Roma mit dem Titel „Die Überlebenden sind die Ausnahme“ zu arbeiten. Die Ausstellung wurde im Frank-Löbschen Haus in Landau feierlich eröffnet. Es war die erste, von jungen Sinti selbst recherchierte und mitgestaltete Ausstellung über den Leidensweg der Eltern-Generation. Ich arbeitete weiter an verschiedenen Hörfunkproduktionen mit und recherchierte für den

TV-Film „Auf Wiedersehen im Himmel“ über das Schicksal der Mulfinger Sinti-Kinder. Der Film wurde für den renommierten Adolf-Grimme-Preis nominiert und mit dem CIVIS Medienpreis der ARD ausgezeichnet.
Wenig später wurde ich im Dokumentations- und Kulturzentrum Deutscher Sinti und Roma mit einem Werkvertrag eingestellt und mit der Referatsleitung Dialog betraut.
In den folgenden Jahren war ich auch an der politischen Arbeit des Zentralrats Deutscher Sinti und Roma und am Aufbau des Dokumentations- und Kulturzentrums beteiligt.
Heute, vier Jahre nach Beendigung einer insgesamt 24-jährigen Tätigkeit im Heidelberger Zentrum, kann ich sagen, dass die Arbeit mit den Zeitzeugen, den Holocaust-Überlebenden, die ich kennen lernen und betreuen durfte, meine wertvollste Erfahrung war. Auch die Führungen durch unsere große Gedenkausstellung „Der nationalsozialistische Völkermord an den Sinti und Roma“ gehören zu den Höhepunkten meines Arbeitslebens. Etwa 1.300 Führungen mit Schülern und Erwachsenengruppen habe ich in dieser Zeit durchgeführt. Wenn ich die Augen schließe, kann ich die 700 qm Stellfläche der Ausstellung Punkt für Punkt im Gedächtnis nachvollziehen und detailgetreu kommentieren.
In ganz Deutschland war darüber hinaus ein Duplikat der großen Gedenkausstellung unterwegs, und sehr oft hielt ich stellvertretend für Romani Rose, unseren Vorsitzenden, mit den politischen Vertretern der Stadt oder des jeweiligen Bundeslands die Eröffnung vor Ort. So eröffnete ich gemeinsam mit dem Bundestagspräsidenten Wolfgang Thierse die Ausstellung in Berlin/Treptow.
Dabei erinnerte ich mich an meine geliebte Mama, die mir 1992 einmal, als sie schon sterbenskrank war, sagte, dass mein Vater sehr stolz sei, dass ich eine führende Bürgerrechts-Aktivistin geworden war.
Zu Beginn des Jahres 2000 hatte ich ein besonderes Erlebnis. Es war mir gelungen, meinen Vater zu überzeugen, seine vielen Instrumente, einen wahren Schatz an künstlerischem Schaffen, und seine Geigenbauwerkstatt einem interessierten Publikum vorzustellen. Vater, der sonst mit seiner Arbeit und Person als Künstler in der Öffentlichkeit eher zurückhaltend umging, war nach anfänglichem Zögern und gründlicher Überlegung tatsächlich bereit, seine Musikinstrumente in einer Ausstellung im Dokumentations- und Kulturzentrum Deutscher Sinti und Roma in Heidelberg zur Schau zu stellen.

Darüber hinaus wirkte er als Violinist auch musikalisch an der Ausstellungseröffnung mit.
Unter den vielen Wechselausstellungen in unserem Zentrum war die Ausstellung
„Dieses Handwerk hab` ich von meinem Vater gelernt“
die schönste! Und die am besten besuchte. Und schließlich ließ sich mein ansonsten sehr zurückgezogen lebender Vater sogar zu einem Geigenbau-Workshop überreden, den er letztlich mit rund 40 TeilnehmerInnen durchführte.
Umso schlimmer war es für meinen Vater, als er im Herbst des gleichen Jahres von der Stadt Karlsruhe erfuhr, dass unser Knielinger „Häusle“, in dem unsere Familien über 40 Jahre gelebt hatten, abgerissen werden müsse, weil auf dem Areal eine neue Sportanlage gebaut werden sollte. Das war für Vater wie ein Schlag ins Gesicht. Die Nachricht brachte ihn völlig durcheinander. Er sollte jetzt im Alter von bald 80 Jahren noch einmal umgesiedelt werden? Alle seine Erinnerungen an seine Lieben, seine verstorbene Frau, seine Schwestern, seinen Bruder, seinen Vater, unseren Purodada, der hier fast 96 Jahre alt geworden war, hingen an dem Haus und dem großen Grundstück, denn hier lebten alle mit ihm zusammen, bis sie starben. Und letztlich war da seine geliebte Geigenbau-Werkstatt, sein Lebenswerk. Wohin nun mit all den Hölzern, den Musikinstrumenten, die Vater in den Jahrzehnten davor gebaut oder angekauft hatte? Und da war auch der Nachlass seines Vaters, vom Purodada. Dieser bestand auch aus Musikinstrumenten, vor allem aus Geigen, die Vater in Ehren hielt. Vater war ohnehin ein großer Sammler. Und alles, was sein Handwerk betraf, hatte für ihn letztlich auch einen hohen ideellen Wert.
Was sollte denn mit seiner Werkstatt, den vielen Geigen, Celli und allen anderen Instrumenten werden? Das hieß also, er benötigte ein gleichwertiges Wohnobjekt mit großer Werkstatt.
Der Zentralrat Deutscher Sinti und Roma setzte sich schließlich dafür ein, dass man unserem Vater als Karlsruher Künstler und KZ-Überlebenden eine angemessene Unterkunft mit der Möglichkeit einer Werkstattnutzung zur Verfügung stellte. Im guten Einvernehmen mit dem Oberbürgermeister, der sich für eine positive Lösung aussprach, ging die Suche nach einem Objekt los. Es dauerte dann allerdings acht Jahre, bis eine optimale Lösung gefunden wurde. In diesen acht Jahren erfuhr unser Vater von den zuständigen Ämtern, auch vom Oberbürgermeister unserer Stadt endlich die jahrzehntelang ausgebliebene Anerkennung als

Holocaust-Überlebender. In seiner Rede zur Eröffnung der Ausstellung über den nationalsozialistischen Völkermord im Prinz-Max-Palais 2003 sprach der OB ausführlich über das Schicksal unseres Vaters Hermann Weiß, das in der Gedenkschrift „Abfahrt Karlsruhe" neben anderen Zeitzeugen-Berichten in kurzer Form dokumentiert war. Mein Vater war bei der Ausstellungseröffnung anwesend, und wie es seinem Charakter entsprach, versuchte er, keine Emotionen zu zeigen. Wir, seine Verwandten, aber wussten, was in ihm vorging.

Fünf Jahre später war es dann soweit. Endlich hatte die Stadt Karlsruhe für Vater ein geeignetes Wohnobjekt mit Werkstatt gefunden.

Die Nachricht, die ich erhielt, ließ mich erschauern. Ich konnte einen Moment lang nicht reagieren, als mir der Mitarbeiter des OB sagte, welches Wohn-Objekt meinem Vater und seiner Familie zur Verfügung gestellt werden sollte. Es war eben das Haus, an dem uns damals unser Cousin im Februar 1971 vorbeifuhr, von dem ich irrtümlicherweise dachte, dass es unseres wäre. Die „schneeweiße Villa", die mir damals wie ein Traum erschienen war.

Meine größte Hoffnung, dass die Familie zusammenblieb und das Andenken an das Schicksal meiner Eltern gewahrt wurde, erfüllte sich. Heute sind viele unserer Angehörigen aus der Enkelgeneration in der Bürgerrechtsarbeit für Sinti und Roma aktiv und kämpfen für eine bessere Zukunft. Auch meine Tochter Tayo ist dabei. Im Gegensatz zu ihrer Mutter besuchte sie in Karlsruhe das Gymnasium und studierte. Bei ihren Konzerten als Jazz- und Soulsängerin verbindet sie heute in Berlin das musikalische Erbe ihres Purodada Hermann Weiß mit der nigerianischen Musikkultur ihres Vaters.

Damit bin ich am Ende meines Berichts.

Ein Exemplar dieses Buches will ich auf das Grab meines Vaters, des Spätheimkehrers Hermann Weiß, legen, der 2010 im Alter von 85 Jahren gestorben ist. Meine Aufgabe ist erfüllt.

Und vielleicht eröffne ich doch noch eines Tages mit meiner Freundin Manuela einen gemeinsamen Blumenladen.

Nachwort von Isidora Randjelovic

Anita Awosusi führt uns in die biographische Erzählung über das Leben ihres Vaters, des Geigenbauers Hermann Weiß, mit einer Begründung ein, die zugleich auch eine Widmung an die nachfolgenden Generationen ist:
„Dennoch, wenn ich nicht mehr bin, sollen es zumindest alle Nachfahren unserer Familie nachlesen können, was mit ihren Ur-Großeltern, Großtanten und Onkels, unzähligen unserer Cousins und Cousinen geschah, in jener Zeit, die bis dahin für die jüngeren Generationen unserer Familie als eine unfassbare Zeit nicht mehr greifbar erscheinen wird.“

Ihr Anspruch, als Familienchronistin die biographische und historische Erinnerung aufrechtzuerhalten, mit der gleichzeitigen Konzentration auf die Menschen der Gegenwart und der Zukunft, durchzieht das gesamte Buch und kennzeichnet das Denken und Schaffen der Autorin: ihre Hingabe zur Familie, ihre lebenslange auch berufliche Auseinandersetzung mit den Folgen des Nationalsozialismus und gleichzeitig ihr Mut, eigensinnig nach vorne zu blicken.
Sie schafft es beständig, die Würdigung der Vergangenheit und die gedankliche Entwicklung einer neuen, vielleicht gänzlich anderen Zukunft miteinander in Einklang zu bringen. Dieser Fähigkeit haben wir eine Erzählung zu verdanken, die gleichzeitig eine biographische Schilderung über das vielschichtige Leben und Überleben ihres Vaters, Herman Weiß, ist und die andererseits eine einzigartige Perspektive einer engagierten Bürgerrechtlerin im Nachkriegsdeutschland entfaltet. Anita Awosusi erzählt damit eine doppelte Geschichte von Vergangenheit und Gegenwart, von Verfolgung und Widerstand.
Die Autorin widmete 30 Jahre der Bürgerrechtsarbeit, in denen sie sich im Rahmen ihrer Recherchen und in der Zusammenarbeit mit Überlebenden intensiv mit der Verfolgungsgeschichte und dem nationalsozialistischen Genozid an den Sinti und Roma sowie mit der eigenen Familiengeschichte auseinandersetzte. Gleichzeitig gestaltete sie als Mitarbeiterin des Dokumentationszentrums Deutscher Sinti und Roma in Heidelberg mit ihren Ausstellungsführungen, unzähligen Workshops und Vorträgen die Gegenwart der selbstorganisierten politischen Bildungsarbeit. Heute engagiert sie sich in der IniRromnja, einem autonomen Romnja- und Sintezza-Frauennetzwerk.
Diese reiche Arbeits- und Lebenserfahrung bildet den fundierten Hintergrund ihrer Reflexion der eigenen Familiengeschichte. Mit

ihrem unikalen Erzählstil und der unentwegten Kontrastierung zwischen dem Unfassbaren und dem Alltag zeichnet sie eine komplexe Lebensgeschichte nach, die für viele Überlebende und ihre Familien in Deutschland dieser Zeit gelebte Realität war. Die literarische Technik von Kontrastierung und Kontinuitäten sowie die vielen kleinen Details in der Erzählung verdichten sich zu einem komplexen Bild und einer Gesellschaftsanalyse dieser Zeit aus Perspektive der Tochter eines Überlebenden. Die Autorin zeigt die Allgegenwärtigkeit des Bösen, dem auch die nachfolgenden Generationen nicht einfach – so wie der deutsche Erinnerungsdiskurs es gerne hätte – entgehen können. Ihre Wortgewalt und ihre Technik, uns unmittelbar in die jeweiligen Erzählereignisse, oftmals ohne einführende Vorbereitung und Umwege, direkt hineinzubringen, ist zum Teil schmerzhaft konsequent und lässt eine politisch aktive Sintezza, eine Bürgerrechtlerin und Idealistin hinter der Erzählung aufscheinen. Als Autorin entfaltet sie dabei einen eigenen literarischen Stil, der über das Spiel mit Antagonismen, Fragmentierungen, Verknappung, Vermischung von Vergangenheit und Gegenwart, vielen Einfügungen von O-Tönen eine spezifische Dynamik und Beziehung zwischen Erzählerin und Lesendem schafft.

Der Rassismus gegen Sintezza* und Romnja* sowie gegen andere rassistisch diskriminierte Kollektive eskaliert erneut bundes- und europaweit. Der mehrheitliche Umgang deutscher Behörden und Medien mit dem NSU-Skandal, die wachsende Formierung selbsternannter „bürgernaher" rassistischer Parteien, der immer weiter erstarkende antimuslimische Diskurs, die Verschärfung der Asyl- und Migrationsgesetzgebung, die strukturelle restriktive Behandlung von geflüchteten Menschen bis hin zu direkten Angriffen oder Brandsätzen auf Unterkünfte von Geflüchteten und vieles mehr – verweisen auf Zustände, in denen die europäische und die deutsche Geschichte der Gewalt und Unterdrückung unter dem diskursiven Schleier einer humanistischen Gesellschaft erneut zu ihren bitteren Höhepunkten anschwillt.

Anita Awosusis Buch, in all seiner Traurigkeit, macht Mut, sich diesen Verhältnissen entgegenzusetzen, weil sie mit liebevollen Details diejenigen ins Gedächtnis ruft und wertschätzt, die Opfer der Gewalt und gleichzeitig als handelnde Subjekte mutig im Alltag und kreativ im Überleben waren. Mit ihrer Geschichte erinnert sie und wappnet unterdessen sich und uns alle für die neuen Aufgaben der Gegenwart.

Isidora Randjelovic

Weiterführende Literatur (in Auswahl):

Awosusi, Anita; Krausnick, Michail u.a.: Die Überlebenden sind die Ausnahme, Ausstellung und Katalog, i. A. des Landesverbands Deutscher Sinti Rheinland-Pfalz, Landau 1992.

Awosusi, Anita (Hg.): Stichwort: Zigeuner. Zur Stigmatisierung von Sinti und Roma in Lexika und Enzyklopädien, Heidelberg 1998.

Awosusi, Anita (Hg.): Zigeunerbilder in der Kinder- und Jugendliteratur, Heidelberg 2000.

Awosusi, Anita (Hg.); Maciejewski, Franz u.a.: Die Musik der Sinti und Roma / Die ungarische „Zigeunermusik", Heidelberg 1996.

Awosusi, Anita (Hg.); Jost, Ekkehard u.a.: Die Musik der Sinti und Roma, Band 2: Der Sinti-Jazz, Heidelberg 1997.

Awosusi, Anita (Hg.); Núnez, Faustino u.a.: Die Musik der Sinti und Roma. Band 3: Der Flamenco, Heidelberg 1998.

Ayaß Wolfgang; Gilsenbach Reimar u.a.: Feinderklärung und Prävention, Berlin 1988.

Ehmann, Annegret; Bamberger, Edgar (Hg.): Kinder und Jugendliche als Opfer des Holocaust, Heidelberg 1995.

Engbring-Romang, Udo; Solms, Wilhelm: Die Stellung der Kirchen zu den deutschen Sinti und Roma, Marburg 2008.

Geigges, Anita; Wette, Bernhard W.: Zigeuner heute, Bornheim-Merten 1979.

Giere, Jacqueline (Hg.): Die gesellschaftliche Konstruktion des Zigeuners. Zur Genese eines Vorurteils, Frankfurt a. M./New York 1996.

Hase-Mihalik, Eva von; Kreuzkamp, Doris: Du kriegst auch einen schönen Wohnwagen, Frankfurt a. M. 1990.

Kenrick, Donald; Puxon, Grattan: Sinti und Roma – Die Vernichtung eines Volkes, Göttingen 1981.

Krausnick, Michail: „Wo sind sie hingekommen?", Der unterschlagene Völkermord an den Sinti und Roma, Gerlingen 1995.

Krausnick, Michail: „Auf Wiedersehen im Himmel". Die Geschichte der Angela Reinhardt, Berlin 2001.

Krausnick, Michail: Elses Geschichte. Ein Mädchen überlebt Auschwitz, Düsseldorf 2007.

Krausnick, Michail: Abfahrt Karlsruhe, erweiterte Neuauflage, Ubstadt-Weiher 2015.

Krausnick, Michail (Hg.); Hildegard Lagrenne u.a., „Da wollten wir frei sein!“ Eine Sinti-Familie erzählt, vierte, neue erweiterte Auflage, Norderstedt 2015.

Peritore, Silvio; Reuter, Frank: Inszenierung des Fremden, Heidelberg 2010.

Rose, Romani: Bürgerrechte für Sinti und Roma, Heidelberg 1987.

Rose, Romani; Weiss, Walter: Sinti und Roma im „Dritten Reich“. Das Programm der Vernichtung durch Arbeit, Göttingen 1991.

Rose, Romani (Hg.): „Den Rauch hatten wir täglich vor Augen“. Der nationalsozialistische Völkermord an Sinti und Roma. Katalog zur ständigen Ausstellung im Kultur- und Dokumentationszentrum Deutscher Sinti und Roma, Heidelberg 1999.

Solms, Wilhelm: Zigeunerbilder. Ein dunkles Kapitel der deutschen Literaturgeschichte, Würzburg 2008.

Stengel, Katharina: Tradierte Feindbilder. Die Entschädigung der Sinti und Roma in den fünfziger und sechziger Jahren. Fritz Bauer Institut, Materialien Nr. 17, Frankfurt a. M. 2004.

Strauß, Daniel (Hg.): ... weggekommen. Berichte und Zeugnisse von Sinti, die die NS-Verfolgung überlebt haben, Berlin 2000.

Strauß, Daniel (Hg.): Studie zur aktuellen Bildungssituation deutscher Sinti und Roma, Marburg 2011.

Strauß, Daniel; Krausnick, Michail: Von Abschiebung bis Zigeunermärchen, Norderstedt 2011.

Wippermann, Wolfgang: Die nationalsozialistische Zigeunerverfolgung, in: Das Leben in Frankfurt zur NS-Zeit, Frankfurt a. M. 1986.

Wippermann, Wolfgang: „Wie die Zigeuner“. Antisemitismus und Antiziganismus im Vergleich, Berlin 1997.

Zülch, Tilman (Hg.): In Auschwitz vergast, bis heute verfolgt, Reinbek 1979.

Ich danke allen denen, die mein Buchvorhaben unterstützt haben. Ich danke Herrn Dr. Bräunche vom Karlsruher Stadtarchiv für die Finanzierung meines Buchprojekts. Durch die Unterstützung der Stadt Karlsruhe war die Realisierung des Buches möglich. Meiner Schwester Christiane danke ich für ihre Geduld, Abschnitt für Abschnitt gegenzulesen, und für die Inspiration, die sie mir gab, weiter zu schreiben, wenn ich einen Durchhänger hatte. Mein inniger und herzlicher Dank gilt Dr. Michail Krausnick und seiner lieben Frau Helga, ohne deren Hilfe und Unterstützung dieses Büchlein für mich schwer zu realisieren gewesen wäre.

Michail Krausnick

Abfahrt Karlsruhe 16.5.1940 Die Deportation der Karlsruher Sinti und Roma

In Zusammenarbeit mit den Karlsruher Sinti und Roma rekonstruiert der Schriftsteller Michail Krausnick ein lange Zeit vergessenes Kapitel aus der Geschichte der Stadt Karlsruhe. Aus den vielfach verwischten Spuren der Täter, Aussagen der Opfer und Erinnerungen der Überlebenden werden die Umrisse eines staatlich sanktionierten Verbrechens sichtbar:
Vor 75 Jahren, im Mai 1940, begann mit der Deportation in die Ghettos und Konzentrationslager im besetzten Polen der Leidensweg Karlsruher Sinti und Roma.

Michail Krausnick, Abfahrt Karlsruhe.
16.5.1940 – Die Deportation der Karlsruher Sinti und Roma.
Hrsg. vom Stadtarchiv Karlsruhe.
104 S. mit 40 Abb., fester Einband.
ISBN 978-3-89735-883-6. EUR 12,00